성경의 배경사

성경이 기록된 역사 연구

성경의 배경사

신성종 지음

크리스챤서적

머리말을 대신해서

필자는 지금까지 성경의 배경사를 연구해 왔으나 너무 좁은 각도에서 봤다는 것을 깨닫고 다시 쓰기로 했다. 과거에 필자가 사용한 방법은 구약사와 중간사, 신약사의 세 가지 프레임으로 성경의 맥을 잡고 해석한 방법이다. 그 당시만 해도 중간사 연구가 거의 없었기 때문에 필자의 방법이 새로운 방법이기는 했으나 이제 그것은 이미 낡은 방법이 되고 말았다. 왜냐하면 지금의 이스라엘은 옛날의 한 작은 나라가 아니라 세계의 중심이며 핵이 되어 있기 때문이다. 물론 현재의 모습을 통해 과거를 해석하는 것은 모순처럼 보일지 모르나, 지금 한국사의 내용이 어떻게 변하고 있는가? 예전의 국사는 왕과 성공한 영웅만을 중심으로 연구했으나 현대 역사관은 과거에는 상상조차 할 수 없는 여러 가지 사관을 통해서 해석하고 있다. 말없이 죽어간 수많은 사람들을 통해서까지 말하게 하기 때문이다.

필자가 미래(현재가 과거에는 미래였다)를 통해서 과거를 해석하는 이유는 아주 간단하다. 예를 들어 세종대왕이 한글을 창제한 의미를 과거의 역사만으로는 분명히 알 수 없지만, 오늘날 컴퓨터가 나오면서 24자의 한글 체계로 가장 간단하고 배우기 쉽고 다양한 표현을 할 수 있게 된 것이다. 한글이 없었다면 이런 기적이 어떻게 일어났겠는가? 그래서 과거의 의미는 그 이전의 과거와 현재와 미래를 통해서 보는 것이 가장 정확하다고 보는 것이다.

성경 해석에서 가장 중요한 것은 성경의 본문(Text)을 배경과 맥락(Context) 속에서 해석하는 것이다. 배경과 맥락을 살피지 않고 단순히 본문인 성경을 해석하기 때문에 자기가 하고 싶은 말, 듣고 싶은 말을 본문에 집어 넣는 과오를 범하는 것이다. 즉 주해(Exegesis)가 아니라 자기 해석(Eisegesis)을 하고 있는 것이다. 그러나 성경은 저자가 말하도록 해야 하나님의 음성을 바로 들을 수 있다.

그렇다면 성경의 배경사란 무엇인가? 한마디로 말해서 본문이 기록된 역사 연구이다. 역사가 무엇인가? 그것은 조개껍질을 보고 그 안에 있는 내용을 찾아내고 현실 속에 살려내어 오늘의 교훈을 발견하고 미래를 예측하는 것이라고 본다.

필자는 오랫동안 역사란 무엇인가에 관심을 두고 성경을 연구해 왔다. 그러나 최근 출판된 역사책들을 보면 필자가 과거에 배웠던 것과 전혀 다른 해석을 하는데, 역사관이 얼마나 변했으며 중요한가를 새삼 깨닫는다. 과거에는 왕이나 권력을 잡은 인물을 중심으로 역사를 배웠다. 그러나 참된 역사 연구는 침묵하고 있는 수많은 실패자의 이야기를 들어야 올바른 판단을 할 수 있다. 그것을 어디서 들을 수 있는가? 필자는 역사란 "의미 없는 것을 의미 있게 하는 것"이라고 생각한다. 셰익스피어의 말처럼 "바보에게 듣는 이야기"는 결코 아니며, 볼테르의 말처럼 "모든 역사는 거짓말"이란 극단적 사고는 위험하다. 과거의 역사는 승자의 기록이기 때문에, 활자로 기록된 역사만으로 모든 사실을 보아서는 안 된다. 그런 면에서 역사란 '잃어버린 고리'를 찾는 것이다. 물론 역사는 지난 사건에 대한 이야기이지만 현재 우리의 모습과 미래의 비전을 보여주지 못하면 그것은 죽은 역사이다.

역사의 사건이란 무엇인가? 그리고 역사에 기록된 사건은 과연 다 진실인가? 그렇지 않다. 앞서 말한 대로 승자의 기록일 뿐이다. 그러나 필자는 성경에 기록된 모든 사실은 절대 진리라고 믿는다. 성경의 무오류성을 믿는다는 말이다. 성경 해석에서 중요한 것은 사건의 배경을 통해서 본문을 정확하게 이해해야 한다는 점이다. 성경 기록자(저자)의 음성(Meaning)을 들어야 하며, 그것을 통해 지금 내게 말씀하시는 하나님의 음성(Significance)을 들어야 한다.

솔직히 성경에 기록된 사건이나 이야기가 세상에서 말하는 역사와 전혀 다르다는 것을 이해하지 않고서는 성경을 이해하고 해석하는 것은 불가능하다. 불트만이 성경을 비신화화한다는 핑계로 성경의 많은 부분을 도려내고 일반역사(Historie)와 의미의 역사(Geschichte)로 구분한 것을 액면 그대로 받아들일 수는 없지만, 성경 역사의 차이점을 인정한 부분은 옳다. 성경은 인간 편에서 기록한 수평적 기록이 아니라, 하나님 편에서 본 수직적 기록임을 반드시 기억해야 한다. 그럼에도 불구하고 배경을 떠나서 성경 본문만 본다면 성경을 알레고리컬(Allegorical)하게 보는 과오를 범하게 되기 때문에 성경을 바로 보기 위해 당시 배경사뿐 아니라 오늘의 역사까지 간단하게나마 살펴보려고 한다.

이스라엘의 역사를 보면 주변 여섯 제국의 영향을 많이 받았다. 첫째는 이집트, 둘째는 앗수르, 셋째는 바벨론, 넷째는 메대 바사(페르시아), 다섯째는 헬라(그리스), 여섯째는 로마이다. 제국의 틈에서 실낱같이 그러나 아주 분명하게 흐르는 이스라엘의 역사는 잃어버린 진리의 고리를 우리에게 보여준다는 확신으로 이 책을 쓴다.

이번에 필자가 사용한 방법은 지난 2000여 년 동안 이스라엘과 그 주변의 세계 역사를 살펴보고 그것을 성경과 연결함으로써 성경을 더 입체적으로 이해하려는 시도이기 때문에 특수하고 효과적이다. 과거를 현재뿐 아니라 미래의 역사 속에서 재조명하려는 것으로, 간단히 말하면 구약의 배경에서 신약을 이해해야 하지만 때로는 신약의 열매를 통해 구약의 뿌리를 보아야 한다는 것이다. 왜냐하면 성경의 계시는 발달(Development)이 아니라 점진성(Progressiveness)이기 때문이다. 본서에서는 청동기 시대부터 오늘의 이스라엘 역사에 이르기까지 폭넓게, 그러면서도 역사의 핵을 중심으로 간단히 요약하여 다룸으로써 성경을 입체적으로 보고 해석할 수 있게 했다. 어떻게 보면 현대사를 중심으로 고대 이스라엘의 역사를 재해석하고 이해하는 방법이라고 할 수 있다. 현재의 열매를 통해서 과거의 뿌리를 찾아보고, 그것을 통해서 과거의 사건을 현재의 의미 속에서 다시 찾아보는 방법이다. 엄밀한 의미에서 과거가 없는 현재는 없고, 미래가 없는 과거도 없다. 그런 점에서 필자의 적은 지식으로는 이번 성경의 배경사 연구가 지금까지 아무도 사용하지 않은 필자만의 방법이라고 할 수 있다.

지금 유대인이 세계에 군림하고 있는 것은 결코 우연이 아니다. 그동안 노벨상을 받은 유대인들의 이름만 보아도 알 수 있듯이, 현재 이스라엘의 인구는 불과 540만 명 정도인데 비해 미국에 사는 유대인은 약 640만 명이 넘는다. 미국 인구에서 유대인의 비율은 2퍼센트가 조금 넘지만, 미국의 금융, 언론과 영화는 유대인이 거의 다 장악하고 있는 형편이다. 1999년 〈타임〉에서 세계 역사에 큰 영향을 준 사람으로 아인슈타인, 프로이드, 칼 마스와 뉴턴을 꼽았는데 그중 세 명이 유대인이다. 물론 이것은 피상적일 수 있지만 이것만 보아도 유대인이 어떻게 이런 업적을 남겼는지 그 배경을 살펴보는 것은 성경을 이해하는 데 큰 도움이 된다.

성경은 하나님의 말씀이기 때문에 신자들에게는 소중하기도 하지만 오늘의 유대인이 있기까지 성경이 그들에게 영향을 주었다는 사실을 잊지 말아야 한다. 특별히 토라(Torah)의 연구는 우리가 생각하듯이 단순한 율법이 아니다. 필자가 인도 선교사로 갔을 때 인도의 힌두교는 단순한 종교가 아니라 생활 자체임을 발견하고 큰 충격을 받은 적이 있다. 유대인은 바벨론 포로로 잡혀가 70년(유대인은 BC 605년 바벨론의 첫 번째 침공을 받고 잡혀간 첫 포로들로 계산한다. 그러나 엄밀히 말하면 나라가 망한 BC 586년부터 계산하여 50년으로 보아야 한다) 간의 포로생활 후부터 2000여 년이 넘도록 세계 여러 나라에 흩어져 살게 되었다. 이들을 디아스포라(Diaspora: 흩어진 유대인들)라고 부르는데, 이들의 특징은 각 나라 문화에 따라 다양성이 있을 뿐 아니라 서로 비교함으로써 창조성이 생기고, 역경 속에서 잡초와 같은 끈기마저 생겼다. 유대인은 교육에 중점을 두고 세계적 석학을 많이 배출하였다. 교육에 대한 강조는 탈무드에서 가장 존경받는 랍비 아키바에게서 가장 잘 나타난다. 그는 "유대인에게 학문은 물과 같아서 그것을 떠나면 죽기 때문에 무슨 일이 있어도 배워야 한다"고 했다.

이 점은 한국과도 비슷하다. 지금 세계 194개국 중 191개 나라에 720만 명이 넘는 한국 사람이 흩어져 살고 있어서 유대인의 특성을 우리도 비슷하게 가지고 있다. 그러나 외국에 있는 한국인을 차별하고 국내에서 공헌할 수 있는 기회를 주지 않는 분위기는 세계적 국가가 되기 위해서 고쳐야 할 점이다.

한국인이 제2의 유대인이라고 할 만큼 유사점이 있음에도 불구하고, 우리는 유대인과 크게 네 가지 차이점이 있다. 첫째로 유대인은 각박한 팔레스타인에서 심지어 지금도 키부츠의 척박한 자연환경 속에서 농사를 짓고 살기 때문에 악착 같은 데가 있지만, 한국인은 온화한 기후에서 살았기 때문에 자연과 조화를 이루는 것을 최우선으로 여기는 온화한 성격을 가지고 있다. 물론 광복과 한국전쟁 같은 고난 속에서 살았던 필자 세대는 악착 같은 면이 없지 않으나 후손들은 이런 끈질김이 전혀 없다. 한강의 기적을 이룩한 오늘의 한국 건설은 광복 이전에 태어나서 잡초같이 살아온 세대의 산물이다. 둘째로 유대인은 일반적으로 저항하는 개성을 가진 반면, 한국인은 타협하는 개성을 갖고 있다. 셋째로 유대인은 자기들만의 독자성을 창출하는 기질인 반면 한국인은 수용하고 모방하는 기질을 갖고 있다. 끝으로 유대인은 전통을 고수하는 반면, 한국인은 전통을 양보하는 경향이 많다. 그래서 재빠르게 환경에 적응하지만 과거 우리가 가진 귀한 유산을 쓰레기처럼 너무 많이 버렸다.

유대인은 토라(Torah)라는 전통을 고수할 뿐 아니라 구약성경에서 보듯이 자신의 치부를 드러내는 것을 조금도 부끄러워하지 않는다. 그러나 한국인은 유교의 영향 때문인지 -일본인보다는 덜 하지만-영광스러운 것은 크게 내세우고 치욕스러운 것은 숨기는 경향이 많다. 이런 차이점 때문에 두뇌지능은 유대인보다 더 좋으면서도 세계적 거물을 많이 배출하지 못한 것이 한국인의 약점이다. 그러므로 필자가 이스라엘 배경사를 연구하는 것은 학문적 목적보다는, 독자들이 성경을 입체적으로 이해할 뿐 아니라 자극과 격려를 받아 정신적으로 세계를 이끌어가는 민족으로서 비전을 갖게 하는 데 목적이 있다. 따라서 본서는 객관성과 함께 때로는 설교처럼 주관성이 포함되어 있음을 부정하지 않는다.

2015년 11월 30일

신성종

* 본서의 성경은 개역개정판을 사용합니다.

차례

1 장

청동기 시대(BC 4000–1200)의 역사

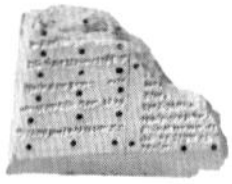

창조 시대나 석기 시대의 이스라엘 역사에 대한 기록은 성경 외에서는 찾기가 힘들기 때문에 이 글에서는 청동기 시대부터 시작한다. 구약의 기록을 중심으로 보면 아담의 시대는 BC 4004년경이고 노아 시대는 BC 2948년경이며 아브라함 시대는 BC 1996년경으로 추정된다. 그러나 이 연대는 인류학자들의 견해와 조화를 이루지 못하고, 또 학자마다 다르기 때문에 지나치게 연대 때문에 논쟁하거나 고민할 필요는 없다고 본다.

창세기 6장에 나오는 노아의 역사성은 1872년에 발견된 쐐기문자(Cuneiform Writing: "설형문자"라고도 하는데 그림의 조합으로 된 글자이다)로 기록된 토판에서 증명되었다. 대표적인 것이 함무라비 법전으로, 지금 대영박물관에 보관되어 있다. 특히 후기 앗수르(앗시리아) 역본으로 길가메쉬(Gilgamesh)의 마지막 부분에 노아 시대의 홍수심판을 증명해 주는 구절들이 나온다. 또한 영국의 고고학자 울리(Woolley) 경이 1920년 우르를 발견하여 발굴한 것은 노아 홍수의 역사성을 이해하는 데 큰 도움이 된다. 1960년대 초반까지 발굴된 조사 결과, 실제로 노아 시대에 홍수가 있었으며, 아브라함이 살았던 우르 지역은 문명 수준이 높은 것으로 울리 경은 주장한다. 무엇보다 중요한 것은 지구라트(Ziggurat: 여러 층으로 된 단 위의 신전)의 발견은 바벨탑 이야기가 신화가 아닌 역사적 사실임을 말해준다.

아브라함(창 11:27-25:18)이 살던 시기는 BC 약 1998년에서 1800년으로 추정된다. 그의 아버지는 데라이고 형제들은 나홀과 하란, 하란의 아들이 롯이다. 하란은 갈대아 우르에서 죽었다. 아브람은 데라의 딸이며 이복동생인 사래와 결혼(창 20:12)했다. 본래 아브람(나중에 아브라함으로 개명)은 우상숭배자였다(수 24:2). 이 점은 아주 중요하다. 왜냐하면 아브라함의 선택이 전적으로 하나님의 은혜임을 보여주기 때문이다. 데라의 가족이 왜 우르를 떠났는지 성경에는 분명하게 기록되어 있지 않으나 하나님께서 떠나게 하신 것만은 분명하다. 아브라함이 본래 가려던 곳은 가나안(창 11:31)이었으나 하란이 우르띵에서 시작된 빈달 지역(빈달처럼 생긴 비옥한 지역)의 끝자락이기 때문에 거기에 머물렀다고 성경은 기록하고 있다. 그것이 경제적 이유였는지 아니면 데라의 노쇠함 때문이었는지, 어쩌면 두 가지 이유가 다 해당할지 확실치 않다. 그러므로 아브라함이 하란에 거주한 것은 하나님께 대한 절대 신앙이 아직 없었기 때문이라고 할 수 있다.

우르에서 떠난 사람들은 데라, 아브라함, 사라, 롯(창 11:31)이다. 그러나 데라가 죽자 하나님께서 아브람을 부르시고 그와 언약을 맺으셨다(창 12:1-3). 필자는 이것을 두 번째 부르심으로 해석한다. 데라가 비옥한 갈대아 우르를 떠날 다른 이유가 없었기 때문에, 성경에는 기록되지 않았지만 하나님의 첫 번째 소명이 있었을 것이다. 사실 성경에는 이것처럼 불분명한 것이 많아 때때로 문맥을 통해 추론하는 경우가 많다. 예를 들면 예수님이 탄생했을 때 동방에서 몇 명의 박사가 왔다는 기록은 아무데도 없다. 그러나 일반적으로 동방박사 세 사람이라고 말하고 아무도 여기에 이의를 달지 않는다. 무엇 때문인가? 그것은 그들이 가지고 온 선물이 세 가지였기 때문에 그렇게 추론하는 것이 더 합리적이기 때문이다. 이처럼 성경 해석에는 수많은 추론이 따른다. 물론 지나친 추론은 성경을 오역할 수도 있기 때문에 조심해야 한다.

성경에서는 언약(구두로 맺은 계약)의 개념이 중요하다. 그래서 구약(그리스도 이전의 옛날 언약)과 신약(그리스도를 통한 새로운 언약)으로 나누기도 한다. 최초의 언약은 하나님이 아담과 맺은 언약(첫 번째 언약: 창 2-3장)이다. 이 언약은 아주 간단한 것이다. "선악을 알게 하는 나무의 열매는 먹지 말라"는 한 가지다(창 2:17). 이것은 아담이 피조물로서 자신의 한계를 지키며 하나님과 바른 관계 속에서 살게 하려는 데 목적이 있다. 이 언약에는 저주(언약을 어길 때는 죽으리라)와 약속(언약을 지킬 때에는 영원히 살리라)이 함께 있다. 하나님께서는 아담에게 하나님의 형상(이것은 육적인 모양이 아니라 의, 거룩함, 지식, 만물통치권을 말한다)과 지배권, 생식 능력과 식량을 주셨고, 세 가지 임무를 맡기셨다. 생육하고 번성할 것, 땅에 충만할 것, 땅을 정복하고 모든 생물을 다스리라는 것이다(창 1:28). 여기서 필자는 "땅을 정복하라"는 번역을 "땅을 경작하라"(Culture)는 문화명령으로 해석한다.

두 번째 언약은 노아와 맺은 언약이다(창 8:20-9:17). 하나님의 약속은 땅이 더 이상 저주를 받지 않으며, 다스리는 모든 생물을 멸하지 않고 규칙적인 추수를 하게 된다는 것이었다. 하나님께서 주신 임무는 생육하고 번성하고 땅에 충만하라는 세 가지이고, 금지하신 것은 살인하지 말라는 단순한 명령이다. 이 언약의 표식으로 무지개를 주셨다(창 8:17; 9:6, 12-16).

세 번째 언약은 아브라함과 맺은 언약이다(창 12:1-3). 하나님의 명령은 지금 있는 하란(갈데아 우르는 이미 떠났다)을 떠나서 가나안 땅으로 가라는 것이고 언약은 세 가지이다(창 12:1-3). 언약의 내용을 살펴보면 가나안 땅을 주겠다, 하늘의 별처럼 많은 후손을 주겠다, 후손 중 축복의 근원이 되는 메시아가 태어나 그를 통해 온 세상이 복을 받겠다는 것이다.

가나안 땅에서 족장시대, 즉 아브라함과 이삭과 야곱의 시대가 시작된다. 그러나 청동기 시대에 중요한 것은 모세의 출애굽 사건이다. 그때는 이집트를 비롯한 몇 나라를 제외하고는 여전히 철기문화를 알지 못하였고, 심지어 사울 왕 때에도 이스라엘에는 철로 칼을 만드는 문화가 없었다(삼상 13:19-23). 지중해 해변에 살았던 블레셋 족속만 철로 칼을 만들었기 때문에 유대인이 그들과 싸울 때는 항상 고전할 수밖에 없었다.

아브라함이 속한 문화는 세계에서 가장 오래된 수메르(Sumer) 문화권이다. 수메르는 메소포타미아의 남쪽 지방으로, 오늘날의 이라크 남부 지역이다. 수메르 문화는 BC 3500

년부터 시작되었으며 BC 2000년경에는 셈족 계통의 아카드인이 수메르 지방을 점령하고 바빌로니아를 세웠다. 아브라함이 살았던 우르 지역은 텔 무가이어(석수장이의 언덕이란 뜻)인데, 아브라함이 태어난 곳은 종족으로는 아람족에 속한다. 아브라함이 아버지 데라와 함께 간 하란은 오늘날의 터키이다. 데라 가족이 배회했을 때에는 바벨론의 유명한 함무라비 왕 때로 보고 있다. 이 시대에는 근동 지역 전체가 우상숭배를 하고 있었는데, 바벨론에서는 말둑(Marduk)을 신으로 섬겼다. 말둑은 고대 메소포타미아의 신으로, 바벨론의 수호신이며 태양신이다. 가나안과 페니키아(가나안과 레바논, 시리아) 지역에서는 풍요와 번영의 신인 바알(Baal)을 주로 섬겼다. 유대인 전설에 의하면 데라는 우상을 만들어 파는 우상 장사였다고 한다.

주일학교에서 들은 일화가 있다. 데라가 아브라함에게 우상을 파는 가게를 맡기고 외출한 어느 날, 아브라함은 큰 우상 하나만 남기고 모든 우상을 다 부수어 버렸다. 외출에서 돌아온 데라가 진노한 것은 말할 필요도 없다. 아브라함은 천연스럽게 큰 우상을 가리키며 저것이 다른 신들을 다 때려 부쉈다고 하자, 데라는 돌로 만든 것이 어떻게 스스로 움직이겠느냐며 소리를 질렀다. 그때 아브라함은 그러면 왜 그런 돌로 만든 우상을 섬기느냐고 아버지 데라에게 항의했다고 한다.

아무튼 아브라함은 하란에서 하나님의 음성을 듣고 언약을 맺는다. 이 언약은 종적인 언약으로 하나님께서 일방적으로 주신 것이다. 아브라함은 유프라테스 강을 건너 가나안 땅으로 갔는데 이때부터 히브리인(강을 건너온 자들이란 뜻)의 역사가 등장한다. 아브라함은 가나안 땅, 모레의 상수리나무가 많은 세겜에 이르렀다가 그 후 기근이 심해져 이집트에 가게 된다. 아브라함에게서 시작된 유대인의 선민사상이 지금도 모든 유대인의 가슴과 기도 속에 살아 있다는 점은 그들에게 중요한 원동력이 된다. 아브라함과 언약에서 중요한 것은 그의 가족 중 남자에게 할례를 행한 것으로(창 17:10–14), 할례는 선민사상의 중요한 증표이다. 재미있는 것은 구약을 경전으로 삼는 이슬람교에서는 남자뿐 아니라 여자들도 처녀막 성형수술인 할례를 받는다.

아브라함은 헤브론을 중심으로 살았다. 헤브론은 예루살렘 남쪽 32킬로미터 지점에 있는 유대 산악지대로, 해발 900미터에 위치한 아름답고 고요한 곳이다. 그것은 헤브론을 거쳐 간 여러 종파의 사원이 말해준다. 필자가 히브리대학의 초청교수로 있을 때 헤브론에 가서 포도를 사먹었는데 그렇게 당분이 많은 것은 처음이었다. 이곳은 다윗이 유다의 왕으로(삼하 2:1–4) 기름부음을 받은 곳이고, 예루살렘이 무너졌을 때에는 유대인은 쫓겨나고 그 자리에 에돔인이 정착하였다. 그리스와 로마가 이곳을 정복하기도 하고 나중에는 아랍인과 프랑크인과 마멜루크인이 정복하기도 했다. 유대인은 헤브론에서 기도하는 전통이 있었으나 그것마저도 금지시켰다고 한다. 다만 동쪽 성벽 옆에 있는 일곱 개의 계단에 올라가는 것만 허용되어 네 번째 계단에 있는 2미터 길이의 틈 속에 하나님께 드리는 기도문을 넣어 막대기로 동굴 속에 떨어뜨렸다고 한다. 이런 관습이 남아 있는 것은 예루살렘에 있는 통곡의 벽에 가 보면 금방 알 수가 있는데, 지금도 수많은 기도문을 돌 틈에 넣는 것을 볼 수가 있다. 그러나 오스만 터키의 대학살로 그것마저도 할 수 없었다고 한다. 놀라운 것은 수많은 나라 사람이 헤브론에 살았지만 어느 민족도 그들의 모습을 남기지 못하고 오직 유대인만이 그들의 모습을 헤브론에 남겼다는 것은 유대인의 전통과 잡초 같은 끈기를 말해준다.

헤브론은 하나님께서 유대인에게 땅을 약속하신 이후에(창 12:1-3) 막벨라 굴과 주변 땅을 최초로 구입한 것으로 창세기 23장에 기록되어 있다. 이것은 아마도 천 년이란 오랜 세월 동안 구전으로 내려오다가 모세 때에 비로소 기록된 것이다. 그것을 보면 유대인만큼 역사와 전통을 오랫동안 유지하는 민족도 없다. 우리는 이 기록을 통해서 유대인과 타민족의 타협과 협상력이 얼마나 탁월했는가를 알 수 있다. 오늘날의 유대인의 협상력은 이런 오랜 전통에서 묻어나오는 것이다.

창세기 23장의 기록은 성경에서 현실적으로 기록한 첫 번째 본문이란 점에서 중요한 의미가 있다. 이 사건은 여러 사람이 목격한 탓에 오랫동안 구전되고 기록될 수 있었던 것으로 보인다. 아무튼 그때까지만 해도 아브라함은 오랫동안 헤브론에 살았지만 이방인 취급을 받았다. 당시 그 땅은 헷 족속이 소유하고 있었는데 그들은 히타이트 제국(헷 족속) 출신의 하비루(Habiru)였다. '하비루'란 말은 고대 근동 지역에서 시민권 없이 떠돌아다니는 사람들, 즉 '유랑민', '외국인'을 말한다. 아브라함은 묘지를 구입하기 위해 그 땅 거민의 동의를 얻어야 했으며 그 후에야 은 400세겔(약 4.5kg)을 주고 흥정할 수 있었다. 당시 상인들이 사용하는 추(저울)로 은을 달아서 지불한 것이다. 묘지를 구입한 것은 단순히 땅을 구입한 것이 아니라 사회적 지위의 변화를 의미하기 때문에 마치 그곳에서 살 수 있는 영주권을 얻은 것과 같은 의미가 있다. 하나님의 언약(가나안 땅을 주겠다는 언약)의 일부가 성취된 기념비적인 이 사건의 기록은, 모세 때 즉 천 년이 지난 후에야 기록된 것이므로 그때까지는 구전으로 내려온 사건이었다.

독일의 구약 비평학자인 벨하우젠(Wellhausen, 1844-1918)의 《고대 이스라엘 역사 서언》 등에 보면 사사기 이전의 역사를 전부 종교적 신화로 다루어 허구로 간주하지만 그것은 잘못된 것이다. 왜냐하면 올브라이트(W.E. Albright)나 케년(K. Kenyon) 같은 학자들의 연구는, 발굴 결과 성경에 기록된 막벨라 굴에 관한 내용과 장소와 사건이 실제 있었던 역사적 기록임을 증명하기 때문이다. 따라서 일반역사의 틀로 성경의 역사를 보는 것은 위험하다. 왜냐하면 구약의 많은 기록을 다 종교적 신화로만 보기 때문이다. 그러나 한 가지 분명한 것은 유대인의 역사에 대한 기억력은 다른 어느 나라 사람에게서도 볼 수 없다는 점이다. 필자는 그들이 역사를 기억하는 힘을 예루살렘 터미널의 큰 돌 위에 히브리어로 기록된 "잊지 말라"는 말에서 보았다. 다시 말해 유대인의 역사에 대한 기억력은 그들의 부단한 노력의 결과이다. 나치 정권이 600만 유대인을 살해한 것을 오고가면서 날마다 보면서 새롭게 기억하고 있기 때문에 가능했다. 이런 유대인의 역사 기억력은 유대인이 집의 문 위에 기록한 쉐마(Shema: 히브리어로 "들으라"는 뜻으로, 신 6:4-9을 말한다)에서도 잘 나타난다.

유대인의 역사 기억력은 노아의 홍수심판 기록에도 잘 나타난다. 물론 역사 비평학자들은 노아의 홍수심판 기록을 역사적 사건으로 받아들이지 않지만, 그것이 역사적 사건이란 점은 대영박물관에 소장된 쐐기문자로 기록된 토판에서도 쉽게 알 수 있다. 특히 길가메시(Gilgamesh)의 기록을 통해서도 증명이 되고, 학자로는 울리 경(Sir I. Woolley)의 발굴을 통해 증명되고 있기 때문에 성경의 기록을 역사적 사건으로 믿을 수 있다.

다음으로 중요한 것은 모세를 통해 맺은 언약이다(출 20장). 그것은 십계명으로, 아브라함과 맺은 무조건적(종적) 언약과는 달리 조건적(횡적 또는 수평적) 언약이다. 이 언약의 형태는 BC 21-18세기에 소아시아를 지배한 히타이트 제국(헷 족속)의 계약 형태로 되어 있다. 성경에서는 히타이트 제국을 단순히 헷 족속으로만 기록하고 있어 작은 부족으로 생각하기 쉬우나 사실은 그렇지 않다. 히타이트 제국은 이집트 나일 강에서 유프라테스 강까지의 땅을 지배했던 제국이다. 히타이트 제국의 당시 계약에는 두 가지 형태가 있는데, 속국과 맺은 계약과 동등한 입장에 있는 외국과 맺는 형태가 있다. 십계명의 내용은 하나님의 일방적이며, 조건적으로 되어 있기 때문에 히타이트 제국이 속국과 맺은 조약 형태로 되어 있다.

십계명과 그 이전에(모세보다 약 5백 년 전) 기록된 것으로 보이는 함무라비(BC 1728-1686) 법전의 비교 연구도 꽤 흥미롭다. 함무라비 법전은 1901년 바벨론의 동쪽 수사(Susa)에서 발견되어 현재는 프랑스 루브르 박물관에 소장되어 있는데, 크기는 1.8미터이고 섬록암 석판 위에 아카드어로 기록되어 있다. 이때는 아직 청동기 시대였다. 중요한 것은 십계명이 함무라비 법전을 참고했는가의 문제이다. 모세가 이집트 궁전에서 공부했기 때문에 함무라비 법전에 대해 어느 정도 알았을 것은 두말할 필요도 없을 것이다. 그러나 함무라비 법전과 십계명의 내용을 자세히 비교해 보면 모세의 십계명은 당시 문화와 종교로서는 도저히 설명이 불가능한 유일신 신앙이 핵심을 이루고 있다. 또 요세프스에 의하면 율법이란 말을 최초로 사용한 사람이 모세이기도 하다. 많은 유대인들은 페니키아의 철자나 그리스어의 철자보다 모세가 먼저 히브리어의 22자를 발명했다고 믿는다. 그러므로 이브라함이 우르에서 탈출한 것이 경제적 동기로만 진행되었다고 볼 수 없으며 모세의 출애굽도 단지 압제로부터 탈출이 아니었다는 점이다. 사실 그 압제는 견딜 만한 것이었다. 따라서 출애굽의 동기는 단연코 종교적인 데 있었다. 당시 유대인의 번성은 이집트인에게는 두려움의 대상이었다. 이집트에서의 강제노동은 히틀러의 강제노동과 대학살의 전조라고 볼 수 있다. 출애굽의 가장 중요한 이유는 종교적인 것이다. 당시 유대인은 이집트의 판테온(신들을 모신 신전, 그중에서도 말둑 신전)과 이집트인의 신들을 거부한 것이 출애굽의 중요한 동기였고, 출애굽은 정치적 탈출이 아니라 영적 감옥으로부터 탈출한 것이라고 보는 것이 가장 정확하다. 여기서 유대인의 유일신 신앙을 발견한 것은 이스라엘 뿐 아니라 인류 역사에 큰 전환점이 되었다.

이스라엘의 역사는 아브라함에서 시작된 것이 사실이지만 유대인이 선택받은 백성이란 선민의식을 갖게 된 것은 출애굽에서부터 시작된다. 아브라함은 아모리 족장인 함무라비 왕과 동시대 인물이다. 그 당시 아모리 족속은 아브라함의 고향인 하란에 정착하고 있었다. 오늘날 많은 학자들은 이스라엘의 역사를 출애굽에서 시작한다. 출애굽의 서막을 다루기 위해서는 '비옥한 초승달 지대'라고 알려진 지역을 살펴보지 않을 수 없다. 지도를 보면 반달 모양의 비옥한 땅인데, 페르시아만에서부터 티그리스와 유프라테스 강의 충적 평야를 거쳐 시리아와 팔레스타인을 돌아 이집트 나일 강까지 뻗어 있다. 이 지역은 고대문명의 발상지로서 히브리인이 출현하기

전 수세기 동안 인간 활동의 무대를 이루고 있었다. 이스라엘의 역사는 메소포타미아의 가장 남쪽에 위치한 갈대아 우르에서 시작한다. BC 3세기의 70인역(Septuagint)에는 "갈대아인의 땅"이라고만 되어 있다. 아브라함의 아버지인 데라는 우르에서 600마일(960킬로미터) 떨어진 하란까지 가족을 데리고 왔다. 이곳에서부터 아브라함은 가나안으로 이주하였는데 가나안은 오늘날 팔레스타인의 옛 이름이다. 아브라함은 번화한 상업 도시인 세겜에 머물다가(창 12:6) 마침내 헤브론 근처 가나안 남부에 정착한다. 이들은 가나안 토착민과 결혼을 꺼려 하란의 친척들과 관계를 맺고 아내를 맞아들였으나 가나안인과는 평화롭게 공존했다고 기록하고 있다(창세기 24상, 29장). 야곱 때에 와서 형제들의 질투로 요셉이 이집트로 팔려가게 되고, 마침내 요셉이 이집트의 총리가 되자 야곱의 가족은 이집트로 이주하고, 델타 지역에 거주하면서 출애굽기의 배경이 시작된다.

그러면 모세가 출애굽기를 기록한 목적은 무엇인가? 크게 세 가지이다. 첫째는 이집트에서의 번성과 출애굽 사건이 조상과 맺은 언약을 지키신 신실하신 하나님의 은혜임을 기억게 하고(창 15:13-16; 26:24; 35:9-15), 둘째는 시내산의 언약을 통해 이스라엘을 신정국가 백성으로 부르셨음을 보여주고, 셋째는 유월절 희생양이 구속사의 예표임을 보여주기 위해서이다.

모세 때의 배경 중 우리가 이해하기 어려운 부분이 있는

데, 그중 하나가 출애굽기 1장 8절, "요셉을 알지 못하는 새 왕이 일어나 애굽을 다스리더니"란 말이다. 이집트의 총리로서 이집트를 기근에서 건져낸 영웅 요셉을 어떻게 이집트인이 모를 수 있는가. 그것을 알기 위해서는 요셉이 이집트의 총리로 있던 때는 이집트 본토인이 아닌 힉소스(Hyksos)족이 들어와 이집트의 새 왕조를 세웠던 때였음을 생각해야 한다. '힉소스'란 말은 이집트말로 '외국의 통치자들'을 가리킨다. 이들은 코카서스 고원지대에서 온 셈족으로, 말이 끄는 전차 같은 강력한 무기로 무장한 후 이집트의 정치가 약해졌을 때 이집트를 침공한 것이다. BC 1720년 무렵부터였다. 힉소스족은 자기들과 비슷한 족속이며 기아에 허덕이는 유대인을 너그럽게 받아들여 자유로운 거주를 허락했으며 심지어 요셉을 총리로까지 받아들였다. 그러나 백여 년이 지난 후 나일강 주변 이집트 본토박이들이 일어나 힉소스 지배 귀족을 쫓아내고 새로운 왕조를 세웠기 때문에 그들은 요셉을 알지 못했던 것이다. 이 왕조가 바로 3백여 년 간 이집트를 통치한 람세스(Rameses) 왕조이다. 람세스 2세는 이주해온 외국 이주민을 노역자로 부렸는데, 그때가 바로 모세의 출생을 전후한 시대였다.

모세에 관해 오해하고 있는 것은 모세를 양자로 삼은 이집트 공주에 관한 점이다. 당시 이집트는 소수민족인 유대인과 적대 관계에 있었기 때문에 더욱 이해하기 힘들다. 그러나 공주란 표현은 그녀의 과거 신분을 말한 것일 뿐 사실은 그때 이미 황후의 자리에 있었다. 즉 투트모스 1세의 딸 핫셉숫인데 왕과 결혼했으나 아이가 없어 나일 강에 가서 목욕하면 아이를 가질 수 있다고 생각하여 갔다가 그때에 우연히 갈대상자에 든 모세를 발견하여 그것이 신의 뜻이라고 믿고 데려다 양자로 삼은 것이다. 나일 강에 가면 아이를 잉태한다는 것은 당시의 사회학적으로 이해해야 한다. 즉 그곳에는 갈대가 우거져 있어서 밤에 남자들도 와서 그곳에 오는 여자들(남편의 정자 부족으로 자녀를 갖지 못한 경우)과 성관계를 가졌기 때문에 그런 미신이 생기게 된 것이다. 그리고 후에 모세가 활동하던 때의 이집트 왕, 바로(파라오)는 아멘호텝 4세였다. 기록에 의하면 그는 이집트의 다신교 신앙을 없애기 위해 태양신인 아톤(Aton)을 강압적으로 믿게 했다고 한다. 그러자 다신교 제사장을 비롯한 보수파들이 쿠데타를 일으켜 아멘호텝을 쫓아내고 새 종교에 가세했던 모세를 비롯해서 유대인 노예들을 쫓아냈을 것이라고 해석한다.

모세가 기록한 창세기 15장 9-10절에 보면 아브라함이 하나님과 체결한 언약은 누지(티그리스 강변에 있는 BC 15세기경의 도시로서, 구약시대 관습 연구에 중요한 도움을 준다)문서들을 통해 쉽게 이해가 된다. 예를 들면 왜 라헬이 라반의 드라빔(Teraphim)을 도적질했는가이다. 그것은 당시의 누지문서를 보면 쉽게 알 수 있다. 당시 가족 신들은 법률적 가치를 지닌 일종의 권리 증서였기 때문에 라헬이 라반의 드라빔을 훔친 것은 라반의 불공평한 법률 규정을 바로잡으려는 행위였던 것이다. 또 마리(Mari)의 문서들(BC 1900년경의 인물 연구에 큰 도움을 주며 설형문자가 사용되었다)을 보면 동물을 도살해서 언약을 세우는 법률 의식을 통해 아브라함의 언약 체결을 이해할 수 있다. 하나님의 뜻은 일반계시를 통해서도 때때로 나타나는 것을 알 수 있는데, 함무라비 법전과 십계명의 유사점도 바로 일반계시의 유사성에서 이해해야 한다.

아브라함은 당시 하비루(시민권 없이 떠돌아다니는 유랑민)의 지도자로서, 훈련받은 318명의 종을 거느린 거부 족장이었다. 왜 아브라함이 자기의 아내를 누이라고 속였는가? 그것은 실제로 사라가 아브라함의 이복누이이기도 했지만 그 당시 법으로는 누이가 아내보다 더 많은 보호를 받을 수 있었기 때문이었다(E. A. Speiser의 《유대인의 경험》, 1976).

아브라함에 대한 이야기 중 가장 당혹스럽고 이해가 안 되는 부분은 이삭을 제물로 바치라는 하나님의 명령이다(창 22:2). 이것은 인신제사를 금지하는 것이 히브리 윤리의 근저이기 때문에 더욱 이해하기 어렵다. 유대 학자인 필로(Philo)는 이것을 하나님께 대한 아브라함의 사랑으로, 어떠한 관습이나 율법도 초월할 수 있었다는 것을 증거하는 것이라고 해석했다. 다시 말해 하나님께 대한 사랑은 가장 귀중한 것까지 드릴 수 있어야 하며 동시에 하나님은 의로운 분이시기 때문에 가장 귀중한 것을 잃지 않게 하신다는 해석이다.

왜 하나님께서는 아브라함에게 이삭을 제물로 바치라고 했을까? 그것은 아브라함이 이삭을 가장 사랑하였기 때문이고, 그의 출생이 하나님의 은혜로 주신 특별한 선물이기 때문이다. 이것은 희생이란 하나님께 받은 것을 바칠 수 있을 때임을 강조한 상징이다.

모세(모세란 말은 본래 갈대상자에서 '끌어내다'(mashah)란 뜻이었지만 그것이 후에 이집트에서 이스라엘 백성을 끌어낸 된 역사로 연결된다)의 이야기는 19왕조인 람세스 2세의 통치 기간(BC 304–1237)에 이루어진 사건이다. 람세스 2세는 역사적으로 가장 위대한 건축가로 알려져 있다. 당시 이집트 사람들은 이스라엘 자손을 부리는 공사 감독관을 두어서 강제노동으로 억압했다. 지금도 룩소(Luxor)에 가 보면 카르낙 신전의 거대한 기둥이 134개나 남아 있어 그 규모가 얼마나 컸는지를 짐작할 수 있다. 유대인은 파라오의 곡식을 저장하는 성읍, 즉 비돔과 라암셋을 건설하는 데 끌려갔다. 그러나 출애굽 사건은 그의 통치 기간에 일어났다기보다 그의 후계자인 메르넵타 치하에서 이루어진 것으로 보인다. 그의 승전비는 아직도 남아 있으며 연대는 BC 1220년경으로 추산된다. 그런데 모세의 인솔을 받은 유대인이 바로(파라오) 군대로부터 구원받은 장소는 불확실하다. 왜냐하면 그 구절을 "갈대바다에서"(red가 아닌 reed)라고 해석할 수도 있기 때문이다. 많은 신학자들은 수에즈만의 북단이

거나 아카바만의 끝을 지칭하는 것으로 보기도 하는데, 자유주의 학자들의 주장대로 홍해를 건넌 것이 아니라 갈대바다를 건넌 것이란 해석을 받아들일 수 없다.

또 한 가지 모세에 대해 오해하고 있는 것은 모세가 말더듬이였다는 점이다. 이것은 출애굽기 4장 10절에 근거를 둔 오해에서 비롯된 말이다. "나는 본래 말을 잘 하지 못하는 자니이다. 주께서 주의 종에게 명령하신 후에도 역시 그러하니 나는 입이 뻣뻣하고 혀가 둔한 자니이다". 칼리쉬(Kalish)란 학자도 이 구절에 근거를 두고 모세는 말더듬이였다고 주장했으나, 필자의 생각은 좀 다르다. 본래 모세는 이집트 궁전에서 자랐기 때문에 고대 이집트어(세 가지 문자, 즉 신성문자, 신관문자, 민중문자를 사용했다)에는 능통했으나 히브리어는 계통적으로 배운 적이 없어 능통하지는 못했을 것으로 본다. 그러나 그가 히브리어를 빠르게 습득하여 나중에는 오경을 기록할 정도까지 된다. 유대인은 모세가 히브리어 글자를 만들었다고 말하는데, 그것은 유대인의 사고의 차이점에서 그렇게 보는 것이다. 다시 말하면 시편의 절반 정도를 다윗이 기록했지만 아삽의 시를 비롯한 모든 시까지 다윗의 시편으로 간주하는 것이 바로 그런 관습이다.

주목할 것은 모세의 십계명이 함무라비(BC 1792-1750) 법전의 영향을 받았느냐는 주장이다. 바로의 궁전에서 수많은 학자들을 통해 공부한 모세가 함무라비 법전을 몰랐을 리 없다.

함무라비 법전은 1901년에 프랑스와 이란의 합동 발굴로 발견된 282개조의 법전이다. 중요한 것은 "눈에는 눈"이란 응보사상이 함무라비 법전의 핵심을 이루고 있다는 점이다. 이것은 모세의 율법도 마찬가지이다. 모세 율법의 핵심은 유일신 신앙에 기초를 두고 있다는 것으로, 함무라비 법전과 근본적으로 가장 다른 차이점이다. 함무라비 법전이 아닌 다른 나라의 법전과 대동소이한 점이 많은데, 그것은 하나님께서 인간에게 주신 일반계시 때문에 그런 유사점이 생긴 것이다. 비록 인간이 타락하기는 했으나 하나님 형상의 잔재물은 남아 있다. 그러므로 형식상의 유사점만으로 그 영향을 받았다고 하는 것은 억측이다. 왜냐하면 모세의 율법은 성령으로 말미암아 받은 하나님의 계시이기 때문이다.

다음은 모세의 묘지에 관한 기록이다. 신명기 34장의 기록은 모세가 예언적으로 기록했다고 보기에는 억지가 많기 때문에 필자는 그의 후계자인 여호수아가 기록했을 것으로 본다. 중요한 것은 왜 구약의 가장 위대한 인물인 모세의 무덤이 없느냐는 점이다(신 34:6). 그것은 모세의 무덤이 남아 있을 경우 모세를 신성시해서 그들의 유일신 신앙에 금이 갈 가능성이 있기 때문에 그렇게(하나님의 섭리에서든 여호수아의 지시에 의해서든 간에) 했을 것으로 본다.

출애굽기에서 주목할 구절은 출애굽기 3장 14절이다. 바로가 모세에게 그를 보낸 자의 이름을 물으면 어떻게 대답할 것인지를 하나님께 물었을 때 하나님께서는 직접 대답하지 않고 모호하게 대답하신다. "나는 스스로 있는 자"라고 한 것이다. 왜 그랬을까? 하나님께서는 인간이 하나님의 이름을 알게 됨으로써 하나님을 소유하거나 그들의 휘하에 넣으려는 것(마술, 창 32:29; 삿 13:27-28)을 피하기 위해서 이렇게 대답하신 것이다. 다시 말하면 하나님은 인간이 마음대로 부릴 수 있는 신이 아님을 보여주신 것이다. 십계명에서 하나님의 이름을 망령되이 일컫지 말라는 뜻은 바로 이런 배경에서 이해해야 바로 알 수 있다.

출애굽기에서 볼 수 있는 것은 유대인들이 출애굽을 한 후에 많은 고난과 불안정으로 가득 차 있었다는 점이다. 이집트 노예생활보다 조금도 나을 바가 없었던 것은 그들이 '이집트에서의 고기 가마'(출 16:3)를 그리워한 것으로도 알 수 있다. 식량과 물도 귀했다. 자연환경도 나빴을 뿐 아니라 사막에 살고 있는 사나운 부족들도 유대인을 달가워하지 않았다. 광야는 결코 유대인이 기대했던 이상향이 아니었다. 그들이 하나님의 은혜를 많이 입었지만 불평과 반목은 계속되었고, 심지어 모세에게 반항하기도 하였다. 무엇보다도 신앙심은 결핍되었다. 수많은 이적이 일어났음에도 불구하고 그들은 하나님께서 그들 중에 계신지 안 계신지 의심하고 불평했다. 출애굽기를 보면 하나님의 은혜도 많았지만 백성의 불평도 끝이 없었던 것을 볼 수 있다. 불평의 내용으로는 마라에서 쓴 물로 인한 불평(출 15:22-26), 이집트의 고기 가마를 그리워한 것(출 16:2-3), 맛사와 므리바에서 물에 대한 불평(출 17:2-7), 만나에 대한 불평(민 11:4-6), 모세가 구스 여인을 아내로 맞은 것을 불평(민 12:1-2), 모세와 아론의 지도력에 대한 불평(민 14:2-3), 다단과 아비람에 의한 고발(민 16:12-14), 광야생활에 대한 불평(민 20:2-13), 요단 동편을 통과하는 행진 중 조급함을 참지 못한 불평(민 21:4-5) 등 오늘날 광야교회에 살고 있는 우리의 모습을 보여주는 영적 거울이기도 하다.

오늘날 유대인들은 그들의 경전을 타낙(Tanak)이란 말로 요약하는데, 이것은 히브리 성경의 세 가지 부분인 토라(Torah, 율법), 네빔(Nebiim, 예언), 케투빔(Kethubim, 말씀)의 각 첫 번째 자음을 따서 만든 약어이다. 유대인의 성경은 신약성경을 뺀 세 부분으로 이루어져 있다. 현재 우리는 네 부분으로 나누지만 그것은 70인역 이후의 일이다. 그 이전에는 세 부분, 즉 율법과 예언서와 성문서로 나누었다.

창세기를 보면 1장에서 11장까지는 2000여 년에 걸친 창조 시대의 기록으로 창세기의 서론이라고 할 수 있다. 창조 시대는 세 가지의 주제(성경의 핵심인 범죄-심판-은혜)가 네 번 반복되고 있다. ①아담(창 3장)의 범죄(6절)-심판(15-19절)-은혜(21절)인데 여기서 가죽옷을 하나님께서 입히셨다는 것은 무화과 잎에 비해 경제적으로 큰 은혜이고, 더 중요한 것은 하나님께서 아담과 하와를 위하여 번제를 드린 것을 암시하고 있기 때문이다. ②가인과 아벨(4장)의 경우는 가인이 아벨을 죽이는 범죄(8절)-심판(12절)-은혜(15절)를 보여준다. ③노아의 홍수(6-9장)의 경우는 그 시대 사람들의 범죄(2절)-심판(7절)-은혜(8, 19절)이다. ④바벨탑(11장)의 경우는 삼중범죄(4절)-삼중심판(7, 9절)-은혜(12:2; 수 24:12)이다. 여기서 보여주는 것은 아담과 하와의 원죄를 물려받은 인간은 가는 곳마다, 하는 일마다 범죄이고, 공의로우신 하나님께서는 그때마다 심판을 베푸신다. 그럼에도 불구하고 사랑이신 하나님께서는 인간에게 은혜를 베풀어 구원해 주셨다는 것이 핵심 내용이다. 창조 시대에 주목할 것은 우주의 기원, 인류의 기원, 죄의 시작을 기록하고 있다는 점이다.

창세기 12장에서 50장까지는 이스라엘의 조상인 아브라함과 이삭과 야곱과 요셉의 가족사이다. 이 기간은 약 350년간이다. 여기서는 하나님께서 택하신 아브라함부터 시작되는 족장들을 어떻게 인도하셨으며 보호하셨으며 사랑하셨는가를 보여줌으로써 오늘날도 하나님께서는 그의 택한 백성인 교회에 어떻게 섭리하시는가를 보여주는 데 목적이 있다.

모세는 어떤 목적으로 창세기를 기록했는가? 서론(1-11장)에서는 하늘과 땅을 창조하시고 섭리하시는 하나님의 사역을 보여주고, 또 타락 과정 속에서도 하나님의 구원 계획이 어떻게 진행되었는가를 보여주려는 데 있다. 12장에서 50장까지는 선민의 초기 역사를 기록함으로써 선민인 이스라엘이 살

길은 하나님밖에 없음을 가르치기 위해서이다.

선민의 조상인 아브라함은 우르(지금의 이라크, 고대 바벨론의 도시로 페르시아만에서 160킬로미터 떨어진 곳) 출신의 베드윈, 즉 하비루이다. 그는 본래 우상숭배자(수 24:14)였으며 하란에 머물렀는데(11:27-32), 지체한 까닭이 아버지인 데라의 고령 때문이었는지 혹은 연약한 믿음 때문인지는 분명치 않으나 그런 아브라함에게 하나님께서는 12장 1-3절에서 보듯이 아브라함을 부르실 뿐 아니라 세 가지 축복을 약속하셨다. 아브라함은 하나님의 말씀대로 우르와 하란을 떠났으나 그의 믿음은 퇴보되었고(12:10), 속임수(12:11-13), 인간적 방법을 통해서 자녀를 생산하여(16:1-4) 지금에 이르도록 갈등의 핵이 되는 이스마엘을 낳았다. 역사에 만약이란 가정법은 있을 수 없지만 아브라함이 하나님께서 약속의 자녀인 이삭을 주실 때까지 기다렸다면 이스라엘과 아랍권의 전쟁은 없을 것이다. 더욱 놀라운 것은 그랄에서 똑같은 거짓말(20:1-18)을 한 것을 볼 수 있듯이 하나님이 쓰실 만한 그릇이 못 되었는데 아브라함을 선민의 조상으로 택하신 것에는 하나님의 깊은 섭리가 있다. 분명한 것은 아브라함의 선택은 전적으로 하나님의 은혜이다. 여기서 중요한 구절은 창세기 15장 6절 "아브람이 여호와를 믿으니 여호와께서 이를 그의 의로 여기시고"이다. 그러고 보면 바울이 갈라디아서(3:11)와 로마서(1:17)에서 말한 이신칭의의 교리는 아브라함 때 이미 말씀하셨고, 아브라함과 맺은 언약은 하나님의 일방적 언약(무조건적 언약)임을 볼 수 있다.

아브라함의 아들인 이삭(21-26장)의 경우를 보면 별로 알려진 것이 없어 무색의 인물처럼 보이지만, 그는 하나님께서 허락한 약속의 첫 열매였다는 것과 창세기 22장에서 보여준 그리스도의 모형(죽기까지 순종한 아들)이란 점에서 중요한 의미가 있다.

다음은 야곱의 이야기(27-33장)이다. 야곱의 쌍둥이 형 에서에 대해서는 히브리서 12장 16절에서 "망령된 자"로 규정한 것에 반해, 야곱은 태어날 때부터 택함을 받은 자(창 25:23)로서 이스라엘 12지파의 조상이 된다. 우리가 예정론 교리에 대해 많은 말을 하지만 분명한 것은 야곱의 선택은 하나님의 예정 교리를 가장 잘 설명해 주는 구절이다. 그러면 야곱은 장자권을 왜 그렇게 원했던 것일까? 첫째는 물권(신 21:15-17)인데, 장자는 다른 아들보다 두 배의 몫을 받을 수 있기 때문이다. 둘째는 영권(靈權)인데, 당시는 제사장 제도가 만들어지기 이전이어서 가정의 축복권은 장자가 물려받기 때문에 야곱은 그것을 탐내었고, 에서는 그것에 대해 전혀 관심이 없었던 것이다. 야곱이 삼촌인 라반의 집을 탈출할 때 라헬이 가정의 신인 드라빔을 도적질한 것은(창 31:19) 당시의 법전(누지에서 출토된 법전)에 의하면 가정의 상속권을 가지기 때문에 라반이 품삯을 속인 것을 보상받으려는 속셈이었다.

끝으로 요셉의 기록(37-48장)인데 왜 그렇게 많은 지면을 요셉에게 할애했는가이다. 그것은 두 가지 이유 때문이다. 첫째는 구약의 가장 중요한 책인 출애굽기의 배경사가 되기 때문이다. 둘째는 유대인이 이집트의 노예가 되는 과정과 이유를 설명할 뿐 아니라 요셉은 많은 점에서 예수 그리스도의 모형이 되기 때문이다.

성경에서 주목할 것은 같은 이야기를 여러 곳에서 언급하고 있다는 점이다. 예를 들면 창조의 이야기도 1장과 2장에 반복해서 기록하고 있고 아브라함과 맺은 언약도 두 번(15장과 17장) 언급하고 있다. 또 아브라함이 자기 아내를 누이라고 속이고 두 번이나 거짓말(창 12:10-17; 20:1-18)한 것을 기록하고 있다. 같은 산을 두고도 시내(Sinai)산과 호렙(Horeb)산이라는 명칭을 사용하고, 십계명도 두 번 언급하고 있다(출 20장과 신 5장). 모세를 부른 것과 아론을 부른 것도 두 번 언급하고 있다. 하나는 미디안 땅(출 3:1-4:17)이고 다른 하나는 이집트(출 6:2-7:7)이다. 자유주의 학자들은 이런 것을 자료의 차이에서 온 것이라고 설명하기도 하지만 그것은 성경의 무오류성에 어긋나기 때문에 말씀의 배경에서 바로 해석할 필요가 있다. 때로는 십계명의 경우에서 보듯이 대상이 다르기 때문이기도 하고, 때로는 강조의 뜻으로 반복해서 기록하기도 한다.

출애굽과 광야 시대를 기록한 출애굽기는 약 430년 간의 기록인데, 장소를 중심으로 세 부분으로 나눌 수 있다. 첫째는 이집트에서 이스라엘의 삶(1-12장), 둘째는 광야 40년간의 이스라엘 역사(12-18장), 셋째는 시내산에서 이스라엘의 생활(19-40장)이다. 위에서 언급했듯이 선민 이스라엘의 시작은 아브라함부터이지만 그들이 선민의식을 가진 것은 출애굽 때부터이다. 그런 점에서 많은 성경학자들은 출애굽에서 이스라엘을 시작한다. 출애굽기는 하나님께서 약속하신 나라를 어떤 과정으로 이루어가시는가를 보여준다. 사실 출애굽 시대는 '엄마의 자궁 속에 있는 아기의 성장' 과정을 보여준다고 할 수 있다. 또 출애굽기는 신약의 모형으로서 중요한 의미를 가진다. 이집트는 세상 제도, 파라오(바로)는 사단, 이스라엘은 교회, 모세는 그리스도, 홍해는 부활, 만나는 생명의 떡이신 그리스도(요 6장), 아말렉은 육신(Sarx)을 모형으로 보여주기 때문에 중요한 진리를 내포하고 있다.

그러면 하나님께서 약속하신 가나안 땅은 어떤 땅인가? 출애굽기 3장 8절에 보면 "젖과 꿀이 흐르는 땅"이라고 했다. 많은 학자들은 "젖과 꿀"을 여러 가지로 해석하고 있으나 중요한 것은 당시 유대인들은 사막에서 살았기 때문에 농사를 지을 수 있는 가나안 땅은 하나의 낙원으로 보고 젖과 꿀이 흐르는 땅이라고 표현한 것이다. 실제로 풍성한 목축업을 할 수 있는 땅이기도 하고, 대추야자와 무화과에서 추출하여 꿀처럼 단 것을 만들었다. 여기서 기억할 것은 유대인의 음식법인 코셔(Kosher)에 보면 벌은 가증한 것에 속하여 벌꿀을 먹지 않았다는 점이다. 따라서 이 구절을 문자 그대로 보기보다 은

유적 표현으로 보는 것이 옳다. 가나안 땅은 반달 모양의 가장자리로서 북쪽에는 헬몬산을 비롯한 산지가 있고 남쪽에는 사막과 여러 개의 바다가 있어서 외침으로부터 방어하기에 좋고(로마와 전쟁에서 증명됨), 가장 중요한 것은 그들이 주변의 강대국으로부터 세속주의에 물들지 않고 신앙을 지키기에 유리하다는 점이다. 물론 주변 아랍 국가들과 달리 기름 한 방울 나지 않기 때문에 왜 모세가 이곳으로 인도했는가 의아해할 수도 있으나 오늘날 이스라엘이 세계의 중심이 되어 가고 있다는 점에 유의해야 할 것이다. 이것은 후에 현대 이스라엘의 역사를 통해서 살펴보면 더욱 확실해진다.

출애굽기 12장에 나오는 어린양은 그리스도의 모형이다(요 1:29; 고전 5:7). 신약의 기자들은 출애굽을 예수님의 죽으심과 부활과 연관짓는다. 누가복음 9장 31절의 "별세"란 말은 '출애굽'과 같은 뜻이다. 고린도전서 5장 7절에서 그리스도를 유월절 양으로 표현함으로써 그의 십자가에서의 죽으심을 출애굽의 뜻으로 해석하고 있다. 출애굽기의 핵심인 유월절 사건(12장)은 모세의 노래(15:1-18)와 특별히 성경에서 가장 오래된 노래로 알려진 미리암의 노래(15:21)에 잘 요약되어 있다. 출애굽기 3장 14절에는 여호와를 뜻하는 야훼(YHWH)란 이름이 최초로 나온다. 이 구절은 요한복음에 기록된 "에고 에이미"(I AM)의 핵심이 되는 구절이기도 하다. 왜냐하면 "나는 스스로 있는 자"란 말은 영어로 "I am who I am" 즉 야훼를 뜻하기 때문이다.

출애굽기 3장 16절에서 11장까지 나오는 열 가지 재앙은 야훼 하나님과 당시 신의 현현이라고 믿던 파라오의 비교를 통해, 야훼만이 참 하나님이시며 이집트인이 믿고 있는 파라오는 거짓 신임을 증명한다. 출애굽기의 홍해사건(출 13:17-15장)을 바울이 이스라엘의 세례(고전 10:2)로 해석하고 있는 것은 출애굽기가 구약에서 차지하는 비중을 잘 말해 준다.

출애굽기 20장에 나오는 십계명은 히타이트 제국의 조약 형식을 취하고 있다. 아마도 그것은 모세가 궁에 있을 때 이집트와 가까운 관계였던 히타이트 제국(헷 족속)에 대해 잘 알고 있었기 때문일 것이다. 당시의 조약은 크게 두 가지 형태로 되어 있었다. 하나는 비슷한 나라들 끼리 맺는 조약인데 그것은 조건적 형태로서 십계명이 여기에 속한다. 다른 하나는 속국과 맺은 조약인데 이것은 무조건적이다. 아브라함과 맺은 언약이나 다윗과 맺은 언약이 여기에 속한다. 이 조건적 조약은 여섯 가지 내용으로 되어 있다. ①전문 ②역사적 진술 ③규정 ④보존 ⑤증인들 ⑥규제, 즉 조약을 지킬 때의 축복과 지키지 않을 때의 저주로 되어 있다. 십계명의 경우는 전문(나는…… 네 하나님 여호와니라: 2절 상), 역사적 진술(너를 애굽 땅, 종 되었던 집에서 인도하여 낸: 2절 하), 규정(십계명 3-17절), 보존(23:15; 수 24:25-28), 증인들(하늘과 땅), 규제(축복과 저주: 신 28장)로 되어 있다. 규정들을 보면 하나님과 바른 관계를 가지는 비결(1-5계명)과 사람들과 바른 관계를 가지는 비결(6-10계명)로 나눌 수 있다. 여기서 제5계명인 "네 부모를 공경하라"는 사람들과 바른 관계를 가지는 비결에 속할 수도 있지만 두 돌비에 기록한 것으로 보아 하나님과 바른 관계를 가지는 비결에 속해야 한다고 랍비들은 말한다. 즉 부모 공경은 하나님과 바른 관계에 대한 실천이며 열매란 것이다. 의미 있는 해석이라고 본다. 출애굽기 끝부분에는(25-40장) 성막과 제사장 제도를 기록하고 있다. 성막이 얼마나 중요한가는 많은 지면을 할애한 것에서도 엿볼 수 있다.

성경에 보면 하나님께서 인간에게 거하는 경우는 5가지에 한하고 있다. ①성막에(출 25:8), ②그리스도 안에(요 1:14; 골 2:9), ③교회에(엡 2:20-22), ④우리의 심령에(고전 3:16), ⑤거룩한 성에(계 21:3) 임재하신다. 성막에 관한 기록은 그리스도의 모형과 역할을 보여준다는 점에서 중요하다.

먼저 '울타리'는 보호, 소유, 공급, 구별의 뜻이 있다. 성막문은 요한복음 10장 7절을 보면 그리스도만이 천국에 들어가는 유일한 길임을 말해준다. '4색'은 청(생명), 자(왕권), 홍(고난), 백(성결)의 뜻을 가진다. '번제단'은 놋(십자가)으로 되어 있으며 중생을 상징한다. '물두멍'은 죄에서 해방되는 씻김을, '등대'는 성령의 조명과 빛 되신 그리스도를 상징한다. '감람유'는 성령을 상징하고(요 3:34; 히 1:9), '떡 상'은 예수 그리스도(요 6:47-51) 자신을, '분향단'은 중보기도를, '법궤', 즉 언약궤는 하나님의 임재를 말한다. 언약궤 안에는 만나 항아리와 십계명을 기록한 두 돌비와 아론의 싹 난 지팡이가 들어 있었다.

그러면 지금 이 법궤는 어디로 사라졌는가? 가장 많은 지지를 받고 있는 추측은 바벨론이 예루살렘 성전을 무너뜨린 뒤에 에티오피아로 가져갔을 것이란 추측이다. 왜 하필이면 에티오피아인가? 그것은 솔로몬의 지혜를 듣기 위해서 왔던 스바 여왕과 사랑의 후손이 남아 있다는 추측에서 나온 말이다. 그런데 놀라운 것은 에티오피아 사람들은 오늘날에도 자기들이 솔로몬의 후손이라고 믿고 있다는 점이다. 다음으로 재미있는 것은 「인디아나 존스」란 영화에서 이집트에 법궤가 있는 것으로 묘사하고 있다는 점이다. 세 번째 추측은 아직도 예루살렘 지하 어디에 묻혀 있을 것이란 추측이다.

다음으로 출애굽기 39장에 나오는 '제사장 의복'은 제사장의 사명을 일깨워주는 데 의미가 있다. 인간의 가장 큰 병이 건망증이기 때문에 마치 학생들에게 교복을 입게 해서 학생이란 신분을 잊지 않게 하는 것과 같은 이치이다. 그런 점에서 오늘날 목회자가 입는 가운의 의미도 깊이 생각해 볼 문제이다.

그 다음에 나오는 레위기의("레위인에게 해당되는 규례") 구조는 크게 둘로 되어 있다. 첫째로 1-10장에는 하나님께 나아가는 길(성자의 사역)이 나오고, 둘째로 11-27장에는 하나님과 동행하는 길(성령의 사역)이 나온다. 레위기의 주제는 "내가 거룩하니 너희도 거룩할지어다”(레 11:44-45)는 내용으로 되어 있다. 그것은 하나님이 거룩하기 때문에 그에게 속한 성도들도 거룩해야 한다는 것이다. 어떻게 하나님께 나아갈 수 있는가? 하나님께 나아가는 길은 5대 제사를 통해서 이루어진다. ‘5대 제사’란 ①번제(1장, 하나님께 대한 헌신의 의미), ②소제(2장, 피 흘림이 없는 제사로 곱게 빻은 밀가루를 드려 그리스도의 인성을 상징), ③화목제(3장, 감사, 찬양, 교제, 교통의 의미), ④속죄제(4장, 대속물에 대한 속죄를 의미), ⑤속건제(5장, 속죄와 보상을 의미)를 말한다. 오늘날의 인류는 ‘피 없는 제사’, 즉 희생제물이 없는 도덕만을 원하지만 그것은 참종교가 아니며 불가능하다. ‘속죄’란 ‘가리운다’는 뜻이며 레위기에는 속죄란 말이 45번이나 나온다. 그러나 구약의 희생제사의 피로는 죄를 근본적으로 없애지 못한다(히 10:1-18). 그것은 오직 그림자, 예표일 뿐이다. 속죄는 오직 그리스도 십자가의 희생제사로만 단번에 성취되었다.

다음으로 하나님과 동행하는 길은 구별된 생활에 있다. 구별된 생활은 레위기 11장 41-45절에 그 목적이 나온다. “나는 여호와 너희의 하나님이라 내가 거룩하니 너희도 몸을 구별하여 거룩하게 하고 땅에 기는 길짐승으로 말미암아 스스로 더럽히지 말라”. 이 구절은 신약에서도(벧전 1:16; 고전 6:19) 반복해서 강조하고 있다. 11장에는 음식에 관한 규례가 나온다. 정한 짐승은 ①굽이 갈라지고(영적으로 세상과 구별됨) ②새김질하는 것(말씀의 묵상)이어야 하고, 정한 어류는 ①지느러미가 있고(몸과 영혼의 평형을 유지), ②비늘(영적 무장)이 있는 것이어야 한다고 했다. 오래된 일이지만 필자가 명지대학교 부교수로 있을 때 식품공학과 교수들과 유대인의 음식 규례에 대해 대화한 적이 있다. 그때 교수들이 레위기 11장에 나오는 것이 위생적으로도 옳다고 하면서 놀라운 일이라고 했다. 마치 아브라함 때 할례를 받게 한 것이 종교적 의미뿐 아니라 위생적으로도 큰 의미가 있듯이 말이다. 사실 뉴욕에는 유대인들이 많이 살고 있는데 유대인 여자들은 자궁암에 걸리는 경우가 거의 없다는 것이다. 그것은 남자들이 할례를 행하기 때문이라고 한다. 마찬가지로 레위기 11장에서 지적한 부정한 음식은 종교적 의미도 있지만 영양과 위생의 의미도 간과해서는 안 된다고 본다. 왜냐하면 레위기에서 부정하다고 지적한 것들은 대부분 콜레스테롤이 많은 것이기 때문이다.

하나님과 동행하는 또 다른 길은 절기 준수(레 23장)이다. 중요한 것은 절기의 첫 번째를 안식일에 두었다는 점이다(레 23:1-3). 안식일이 모든 절기의 시작이라고 보았기 때문이다. '절기'로는 유월절, 무교절, 초실절(맥추절), 오순절(칠칠절), 나팔절(신년절), 속죄일, 장막절(수장절, 초막절), 수전절(하누카, 빛의 절기) 등이 있다. 이렇게 레위기는 죄의 무서움, 하나님의 거룩하심, 하나님의 은혜를 보여준다. 하나님께서는 용서와 회복의 길을 마련하셨고, 이 '길'은 그리스도이시며 새로운 삶의 길이다(히 10:19 이하).

그러면 레위기를 기록한 직접 목적은 무엇인가? 위의 내용에서 우리는 하나님께 나아가는 길과 동행하는 길에 대해서 살펴보았다. 그러나 당시 유대인에게는 다른 두 가지가 있었다. 첫째는 하나님의 백성으로서 어떻게 거룩한 삶을 누릴 것인가와 둘째는 제사장이 성결예식과 제사의식을 가질 수 있도록 가르치려고 한 것이다.

민수기(선민의 발자취)는 이스라엘 백성의 광야 생활을 기록한 것으로, 오늘날 우리에게 영적 거울이 된다(히 3–4장; 고전 10장). 광야 이스라엘의 삶은 한마디로 요약해서 불평과 원망과 불신이라고 할 수 있다. 그러면 민수기를 기록한 목적은 무엇인가? 크게 세 가지이다. 첫째는 광야 여정에서 일어난 일을 기록함으로써 이스라엘 백성을 인도하시는 하나님이 어떤 분이신가를 보여주고, 둘째는 불순종에 따른 죄와 심판을 보여줌으로써 순종을 강조하고, 셋째는 약속의 땅과 분배 문제를 밝힘으로써 하나님의 사랑을 깨닫게 하려는 데 목적이 있다.

왜 민수기를 기록했는가? 민수기란 책명은 두 번에 걸친 인구조사에서 온 것이다(1장, 26장). 인구조사의 목적은 첫 번째는 가나안 정복을 위한 군사 목적 때문이었고, 두 번째는 가나안 땅에 들어간 후에 있게 될 땅의 분배 때문이었다. 민수기의 구소는 장소를 중심으로 크게 세 부분으로 나눌 수 있다. 첫째는 시내산에서 일어난 일(1장–10:10), 둘째는 가데스 바네아에서 일어난 일(10:11–21장), 셋째는 모압 평원에서 일어난 일(22-36장)을 중심으로 기록되어 있다.

민수기(출애굽은 했으나 아직 가나안에 들어가지 못한 자들의 삶)는 '중간지대' 에 살고 있는 우리에게 큰 영적 교훈을 주고 있다. 이스라엘이 광야에서 방황하는 동안 인구가 증가하지 않은 것에 우리는 유의해야 한다. 두 번에 걸친 인구조사를 비교해 보면, 오히려 두 번째 인구조사 때 1,820명이 줄어든 것을 볼 수 있다. 영적으로는 물론 수적으로나 물질적으로 퇴보했다는 영적 의미가 있다.

모세오경의 마지막 책인 신명기(순종의 책)는 모세의 두 번째 율법으로 흔히 알고 있으나(Deuteronomy) 그것은 사실과 다르다. 율법을 모르는 출애굽 이후에 태어난 세대에게 십계명을 가르치려는 데 신명기의 근본 목적이 있다. 신명기를 기록한 목적은 크게 두 가지이다. 첫째는 광야생활에서 태어난 2세들에게 십계명의 내용을 밝혀주어 하나님의 은혜를 깨닫게 하고, 둘째는 순종에 따른 축복과 불순종에 따른 심판을 통해서 선민으로서 어떻게 살아야 할 것인가를 보여주려는 데 있다. 신명기는 모세의 설교로 되어 있는데 1장-4장 43절에서는 과거의 역사를 회고한 역사적 설교이고, 4장 44절-26장에서는 현재 어떻게 살아야 할 것인가에 대한 율법적 훈계이며, 27장-34장은 미래에 대한 예언적 훈계로 되어 있다.

신명기의 십계명은 가나안 땅에 들어간 후의 교훈을 중심으로 했기 때문에 5장 21절에서 볼 수 있듯이 "그의 밭이나"

란 말이 덧붙여 있다. 우리가 잘 아는 대로 6장의 쉐마(Shema)는 오늘날 많은 위인을 낳은 유대인 교육의 중심을 말하고 있으며, 6장 4-9절까지의 내용은 유대인의 삶의 철학이다.

신명기의 핵심은 10장 12-13절에 있다. "이스라엘아 네 하나님 여호와께서 네게 요구하시는 것이 무엇이냐 곧 네 하나님 여호와를 경외하여 그의 모든 도를 행하고 그를 사랑하며 마음을 다하고 뜻을 다하여 네 하나님 여호와를 섬기고 내가 오늘 네 행복을 위하여 네게 명하는 여호와의 명령과 규례를 지킬 것이 아니냐."

모세오경 다음은 역사서가 따른다. 히브리어 성경에서는 예언서에 포함하고 있으나 70인역인 셉투아진트 이후로 분리해서 다루고 있다. 맨 처음 나오는 것이 여호수아서와 사사기와 사무엘상하와 열왕기상하이다. 여호수아서는 약 25년 동안의 가나안 정복시대의 기록이다. 여호수아는 에브라임 지파 사람이며(민 13:8) 이름의 뜻은 예수, 즉 '여호와는 구원이시다'라는 뜻이다. 그 내용은 가나안 땅에 정착하는 과정에서 주변 종족과 전쟁이 주를 이룬다. 주로 싸운 종족들은 가나안, 헷(히타이트 제국), 블레셋(원래 이름은 필리스티인으로 여기서 오늘날의 팔레스타인이란 이름이 나왔다), 여부스(예루살렘이란 이름은 여부스족의 수도에서 나왔다)이다. 이런 환경 속에서 성전(聖戰)개념이 나왔다. 놀라운 것은 여호수아는 가나안 땅을 다 점령하지 않았으나 그럼에도 불구하고 다 점령한 것처럼 12지파 지역으로 나눈

것은 하나님의 약속에 대한 그들의 확신 때문이었다(막 11:24). 사사기에는 전쟁이 계속되고 있는 것으로 기록되어 있기 때문에 여호수아서와 사사기는 가나안 정복에 대해 서로 다르게 묘사하고 있다. 여호수아서는 하나님의 약속에 대한 확신 속에서 가나안을 다 점령한 것처럼, 그러나 사사기에는 일부만 점령하고 전쟁이 계속되고 있는 것으로 기록되어 있다. 그 차이는 역사관의 차이에서 온다. 여호수아서는 하나님의 약속을 믿고 땅을 열두 지파에게 분배한 것으로 기록했으나 사사기는 아직 완전히 점령한 것이 아니므로 실제 관점에서 계속 가나안을 점령 중인 것으로 기록한 것이다.

여호수아 때 최초의 전쟁은 세계에서 가장 오래된 도시인 여리고 전투였다. 케슬린 케년의 연구에 의하면 여리고의 역사는 BC 7000년대로 올라간다. 여리고 성이 얼마나 강력한 무기를 가졌는가는 여호수아서에 잘 나타난다. 성경에 보면 앞서 제사장들이 법궤를 메고 양각 나팔을 가지고 6일 동안 성 주위를 돌고 7일째 되는 날에 양각 나팔 소리가 날 때 백성들이 일제히 큰 소리로 외치자 그때 성벽이 무너졌다고 했다. 그러나 고고학자들도 여리고 전쟁의 승리의 원인에 대해 구체적인 이유를 제시하지 못하고 있다. 어쩌면 지진이 일어났을 수도 있다. 중요한 것은 유대인은 그것을 신앙의 눈으로 보고 해석했다는 점이다.

당시 여호수아는 불가피한 경우가 아니면 전쟁을 하지 않고 항복을 받아내거나 협상을 선호한 것을 볼 수 있다. 그것은 여호수아서 10장의 아모리 족속과 전쟁, 즉 기브온 사건에서도 확인된다. 당시 기브온은 포도 생산지의 중심지였다. 12절에 "태양아 너는 기브온 위에 머무르라 달아 너도 아얄론 골짜기에서 그리할지어다"라고 한 것을 자유주의자들은 역사적 기록이 아니라고 주장한다. 자연법칙을 어기면서 어떻게 태양을 머무르게 할 수 있느냐고 반문한다. 이 기록은 역사적 기록이 아니라 다만 시적 표현일 뿐이라고 말한다. 어떤 학자들은 일식현상을 그렇게 기록한 것이라고 말하기도 한다. 그러나 재미있는 것은 과학자들 중에 지구 자전이 하루 늦는 것은 이때 일어난 일이라고 주장하기도 한다. 이런 반론은 하나님의 전능하심과 그의 섭리를 불신하는 데서 생기는 것이므로 위험한 발상이다.

그러면 여호수아는 왜 이 책을 기록했는가? 두 가지 목적이 있었기 때문이다. 첫째는 하나님께서 주시겠다고 언약하신 땅에 어떻게 정착하게 되었는가를 깨닫게 함으로써 하나님의 신실하심을 보게 하고, 둘째는 정착 과정에서 순종한 것과 불순종한 것을 대비함으로써 오직 하나님만 의지하게 하려는 데 있다.

여호수아서와 대조되는 기록을 남긴 사사기는 왜 기록했는가? 사사기의 저자에 대해서는 확실한 증거가 없지만 아마도 사무엘이 기록한 것이 아닌가 추측된다. 사사기는 크게 두 가지 목적으로 기록했다. 첫째는 순종에 따른 축복과 불순종에 따른 심판을 기록함으로써 하나님의 통치 원리를 가르쳐주고, 둘째는 사사들의 통치 한계를 보여줌으로써 왕정정치의 정당성을 말해주기 위해서이다.

사사 시대에는 연방 형식으로 통괄했다. 그리고 연방지역은 사사(좀 더 정확하게는 판관)들이 다스렸다. 이들은 족장과 같은 위치에 있으면서 평화 시에는 예언자가 되기도 하고 전시에는 군사령관이 되기도 했다. 유명한 사사에는 드보라, 삼손, 사무엘 같은 탁월한 지도자들이 있었다. 여기서 사무엘은 장군이라기보다는 예언자였다. 그는 마지막 사사로 기록되고 있다. 사사 시대의 가나안인들은 이스라엘보다 훨씬 뛰어난 문화와 우수한 무기를 가지고 있었다. 유대인들은 이 가나안인들과 결사적인 전쟁을 해야만 했다.

사사기는 약 350년간의 기록이다. 사사는 주로 전사 또는 구조자(삿 2:16)로 여겼지만 사사 드보라(삿 4:4-5)나 마지막 사사인 사무엘(삼상 7:15-17)의 경우는 지파의 중재자 역할도 했다. 사사는 특정 지파에만 적용된 것이 아니라 지파 동맹 전체에 권위가 있었다. 지파들이 언약 갱신 축제를 드리기 위해 중앙 성소에 모였을 때 사사는 언약의 중재자 역할을 하기도 했다. 세습 왕조와는 달리 비세습적이고, 하나님의 영을 받은 사람이면 누구나 사사가 되었기 때문에 사사는 카리스마를 갖춘 지도자라고 할 수 있다. 당시 이스라엘 백성들은 중앙고원지대는 차지할 수 있었지만 평원에 있는 가나안인들까지는 침범할 수 없었다. 그래서 이스라엘의 동맹이 약하여지면 주변 부족에게 침범을 당하여 수난을 받았다. 이런 때 나타난 사람들이 사사이다.

사사의 활동을 몇 가지 측면에서 살펴보자. 사사들은 대부분 사회적으로 낮은 계층의 사람들이었다. 당시 왼손잡이는 사회적으로 장애인으로 칭하였으며 에훗은 너무 가난해서 무기조차 살 수 없는 형편이었다. 사사기 3장 16절에 보면 "길이가 한 규빗(한 자 정도) 되는 좌우에 날선 칼을 만들어 그의 오른쪽 허벅지 옷 속에 차고"라고 했다. 당시 이스라엘은 모압에게 공물을 바쳐야 했기 때문에 에훗은 에글론 왕에게 직접 나아갈 수 있는 기회가 있었고 왕을 암살할 수 있었다. 이 암살로 에훗은 그 지역의 지휘관이 되어 모압을 정복할 수 있었다. 또 랍비돗의 아내 드보라는 열정적 신앙으로 예언과 노래를 지어 불렀다. 드보라가 야자나무 밑에 앉아 있으면 사람들이 나아와 재판을 받기도 했고, 예언 중에 바락을 불러 가나안의 강력한 왕 야빈에게 대항할 연합군을 구성케 하여 마침내 승리하였다.

또 사사 입다는 매춘부의 아들로 태어나(삿 11:1) 어머니의 직업 때문에 형들에게 쫓겨나 돕 땅에 거주했다(삿 11:3). 그때 건달 잡배들이 그의 주변에 모여들어서 자신의 무리를 만들었는데, 당시 암몬 사람들이 이스라엘을 공격하자 입다에게 도움을 요청했고 마침내 입다는 장관이 되어 암몬 사람들을 격퇴하였다. 여기서 흥미로운 것은 입다의 외동딸 이야기다. 입다는 전쟁에 임하기 전에 집에 돌아왔을 때에 그를 가장 먼저 맞이하는 사람을 번제물로 바치겠다는 맹서를 한다. 왜 이런 쓸데 없는 맹서를 했는가? 그것은 지도자로서 확고함을 보이기 위해서였을 것이다. 그러나 불행하게도 그를 제일 먼저 맞이한 사람은 입다의 외동딸이었다. 우리는 그 소녀의 이름도 알지 못한다. 참으로 슬픈 이야기다. 여기서 우리가 이해할 수 없는 것은 인신제사는 하나님께서 금하셨는데 왜 입다가 그런 맹서를 했는가일 것이다. 이것은 위에서 말한 것 외에 입다가 주변 여러 나라 풍습에 영향을 받은 결과일 수도 있다. 그 당시 암몬 같은 나라에서는 장군이 전쟁에서 승리할 때 전리품을 주듯이 자기의 신에게 감사의 뜻으로 사람을 제물로 바치는 풍습이 있었다. 물론 하나님께 대한 입다의 신앙은 깊고 절대적이었지만 율법에 대한 무지 때문에 이와 같은 일이 생긴 것이다. 그러면 아브라함의 경우는 여호와 이레로 숫양을 준비했는데 왜 여기서는 입다의 외동딸을 죽게 했는가 하고 의아해할 것이다. 아브라함의 경우는 하나님께서 주체적으로 아브라함의 신앙을 시험하시려고 이삭을 바치라고 했지만, 입다의 경우는 입다 자신이 일방적으로 바치겠다고 맹서했기 때문이다. 아마도 하나님께서 딸을 바치는 것을 허용한 것은 입다의 신앙이 약해지지 않게 하려는 것도 있지만 또 다른 하나는 이것을 역사적 거울로 삼아 다시는 그런 일이 없도록 교훈하려는 뜻도 있을 것이다.

입다는 기드온과는 달리 먼저 사람들에게 선택받았고 그 후에 하나님의 인준이 임한 것이다(성경에서는 여호와의 인준을 영이 그에게 임했다고 표현했다. 삿 11:29). 전쟁에 나간 입다는 전쟁에서 승리하여 항복을 받았는데, 성경에는 그것을 하나님께서 암몬 사람들을 그의 손에 넘겨주셨다(삿 11:30)고 표현했다. 그것은 전쟁의 승패가 하나님의 주권에 달려 있다는 뜻이다.

사사기에서 가장 이해하기 힘든 것은 삼손의 실패와 성공에 관한 기록이다. 성경은 삼손의 순교적 죽음에 대해 지면을 많이 할애하고 있다. 당시 나실인은 가장 낮은 계층의 사람들로, 머리는 덥수룩하고 우리로서는 이해할 수 없는 방법으로 하나님께 바쳐진 사람들이었다. 삼손은 책임을 피하기만 하려 했고 어린아이나 얼뜨기 같은 사람이었으면서도 또 다른 한편으로는 민족을 구하는 영웅이기도 했다. 삼손에 대해 성경에서 말하는 저자의 의도는 무엇인가? 그것은 낮고 천하고 결함이 많은 사람이라 할지라도 하나님의 영을 받고 그에게 순종만 하면 누구나 위대한 일을 할 수 있다는 것을 보이려는 것이다.

당시 가나안의 가장 중요한 요충지는 이스르엘(Jezreel) 계곡이었는데 이집트와 메소포타미아를 잇는 중요한 상업도시였다. 이 계곡으로 가는 길을 가나안의 므깃도 요새가 지키고 있었다. 여기서 많은 전투가 벌어졌고, 요한계시록에 의하면 최후의 전쟁이 아마겟돈 전쟁이라고 했는데 아마겟돈은 므깃도 언덕을 말한다. 가나안인들이 이곳을 점령하고 있었기 때문에 이스라엘의 경제 생활은 압박을 받았다. 이러한 시대가 바로 사사 삼갈의 시대였다. 사사기 5장 6절에 보면 이렇게 기록하고 있다. "아낫의 아들 삼갈의 날에 또는 야엘의 날에는 대로가 비었고 길의 행인들은 오솔길로 다녔도다".

사사 드보라 때에는 바락의 명령하에 이스라엘 군대는 다아낙 요새 부근에서 가나안 군대의 시스라 장군과 싸웠다(삿 5:19). 이곳은 므깃도의 전체 평원을 볼 수 있는 곳이다. 카리스마 넘치는 지도자 드보라의 소집에 응한 지파는 이스라엘 12지파 중 절반밖에 되지 않았다. 그런데 굉장한 폭풍우가 일어나서 이스르엘을 통과하는 기손 강을 범람시켜 가나안 병기가 진흙탕에 빠지고 이스라엘이 승리를 거두게 되었다고 기록하고 있다. 이 전쟁 이야기는 두 부분에 나온다. 사사기 4장과 5장 드보라의 노래에 나오는데 세부적인 면은 차이가 있다. 아마도 강조점의 차이로 보인다. 사사기 5장 20절에는 "별들이 하늘에서부터 싸우되 그들이 다니는 길에서 시스라와 싸웠도다"라고 기록하고 있다. 여기서 이스라엘이 시스라의 군대에 결정적 승리를 거두자 가나안의 연합 저항은 끝이 났다. 그러나 다른 지방에서는 이스라엘에게 싸움을 걸어왔다. 요단 동편의 신생 왕국들이 이스라엘을 질투했던 것이다. 에글론 왕 지도하에 모압 군대가 쳐들어와서 종려나무 도시인 여리고를 차지한 것이다. 그러나 비수를 품고 찾아간 에훗에게 암살되고 상황은 역전되었다(삿 3:12-30). 그 후 이스라엘은 요단 동편 지역과 가나안 고원지대에서 아모리 족속에게 여러 번 습격을 받았다. 이 위협은 자기 딸의 희생을 치뤘지만 입다에 의해서 해결되었다(삿 10:6-12:7). 종교적 서약으로 희생한 입다의 딸 이야기는(삿 11:29-40) 성경에서 가장 비극적인 이야기 중 하나이다.

그러나 더 심각한 위협은 낙타를 타고 아라비아 사막을 건너온 미디안족의 침입이었다. 미니안은 장거리 여행에 낙타를 이용하여 새로운 전략을 세우고 정착하고 있는 마을들을 습격했다. 그것을 성경에는 이렇게 기록하고 있다. "이는 그들이 그들의 짐승과 장막을 가지고 올라와 메뚜기 떼같이 많이 들어오니 그 사람과 낙타가 무수함이라 그들이 그 땅에 들어와 멸하려 하니"(삿 6:5). 미디안의 침입으로 이스라엘은 농사를 지을 수 없었고 가나안에서 모은 모든 것을 다 잃어버릴 위기에 처했다. 이때 기드온이란 사사가 이스라엘을 구출한다(삿 6-8장). 기드온의 군사 지도력은 그의 여호와 신앙에서 비롯된 것이었다. 단지 군사 300명으로 승리한 것은 모든 승리가 여호와께 있지, 사람에게 있는 것이 아님을 깨우쳐준다. 사실 이 선두는 현대적으로 말하면 이스라엘의 특수부대를 통해 전혀 예고치 않은 기습이요 게릴라식 습격이라고 할 수 있다.

사사기 시작에 보면 사사 삼갈이 소 모는 막대기로 블레셋 사람 600명을 죽였다는 이야기가 나온다(삿 3:31). 삼갈의 이름이 드보라의 노래에도 나오는 것으로 보아(삿 5:6) 이 이야기는 블레셋 점령 초기의 이야기로 보인다. 중요한 것은 이스라엘의 12지파 동맹체제가 사사 시대에 와서 많이 쇠퇴했다는 점이다. 물론 여호수아 시대에 세겜에서 처음으로 중앙집권 체제가 수립되었으나 실패하고 말았다. 비록 아비멜렉이 이 일을 주도했지만, 그 이전에도 예루살렘 북쪽 고원지대의 도시 오브라에서도 이런 시도가 있었다. 기드온(여룹바알)은 카리스마적 영도력으로 미디안을 잘 몰아냈고 블레셋의 위협에 긴장한 이스라엘 백성은 그를 왕으로 세우려고 했다(삿 8:22). 그러나 기드온은 그것을 거절하고 신정정치를 원했다. 왕 제도는 하나님의 권좌를 넘보는 것으로 여겼기 때문이다.

기드온은 여러 첩을 거느렸는데 세겜에서도 첩을 얻어 아비멜렉을 낳았다. 아비멜렉의 경력은 사사기 9장에 나타나 있다. 기드온이 죽은 뒤 아비멜렉은 왕이 되기 위해 건달들을 사서 그의 형제 70명을 죽였고, 막내인 요담만 살아남았다. 경쟁자들이 제거되자 세겜 사람들은 아비멜렉을 왕으로 추대했다. 그는 3년 동안(삿 9:22) 그의 왕국의 도시인 세겜을 중심으로 많은 지역을 통치할 수 있었다. 요담의 예언처럼 세겜에서 혁명이 일어났고 아비멜렉은 복병전술로 성공하는 듯 보였으나, 한 여인이 탑 꼭대기에서 던진 맷돌에 맞아 죽고 만다. 이 기록은 하나님의 심판과 불의한 자의 부끄러운 죽음을 말해준다. 아비멜렉이 시도한 왕권제도는 실패하고 말았다.

사사기에서 주목할 것은 사사기의 구조이다. 사사기는 두 가지 구조로 되어 있다. 사사기 1-16장은 범죄의 순환을 일곱 번 기록하고 있고, 17-21장은 부록으로 민족의 분열과 타락의 참상을 기록하고 있다. 그래서 우리는 사사 시대를 암흑 시대라고 흔히 말한다. 그러면 범죄의 순환은 어떤 것인가? 그 순환은 범죄-심판-구원이란 주제로 일곱 번이나 똑같이 반복하고 있다. 첫 번째 배교(범죄)는 3장 7-11절에 나오고 그 결과로 하나님의 심판이 8절에 나오고 9절에 회개와 하나님께서 사사들을 통해서 이스라엘을 구원하신 내용이 나온다. 두 번째 배교는 3장 12-30절에 나오고 그 결과로 인한 심판은 12-14절에, 15절에는 회개하였을 때 하나님께서 구원하신 내용이 나온다. 세 번째 배교는 4장 1절에 나온다. 배교의 결과로 인한 심판이 2-3절에 나오고 이스라엘의 회개가 3절에 나오고 그 결과 하나님께서 사사를 통해서 구원(4, 15절)하신 내용이 나온다. 네 번째 배교는 6장 1절에, 심판은 1절 하반절에 나오고 이스라엘이 회개하는데(6절), 그 결과 하나님께서 사사를 통해 구원하신다(8절). 다섯 번째 배교는 8장 33절 이하에 나온다. 심판은 9장 4-5절에, 회개는 직접적 언급은 없으나 문맥으로 보아 회개했을 것으로 보인다. 구원은 9장 35절에 나온다. 여섯 번째 배교는 10장 6-11절에, 심판은 10장 7절에, 회개는

10장 10절에, 구원은 11장 1절과 32절에 나온다. 끝으로 일곱 번째 배교는 13장 1절에, 심판은 13장 1 하반절에, 회개는 여기서도 직접 언급이 없으나 문맥으로 보아 있었을 것으로 보인다. 구원은 13장 9절, 15장 14-17절에 나온다. 이런 주제의 반복은 사사기의 목적이 무엇인가를 잘 말해준다. 당시의 형편을 가장 잘 표현한 것은 사사기 마지막 장 마지막 절(삿 17:6; 21:25)이다. "그때에 이스라엘에 왕이 없으므로 사람이 각기 자기의 소견에 옳은 대로 행하였더라."

사사 시대를 흔히 영적 암흑 시대라고 말하지만 룻기에서는 사람다운 사랑과 믿음도 볼 수 있다. 그러면 룻기는 누가 기록했는가? 불행하게도 저자에 대해 정확하게는 알지 못한다. 다만 사무엘이나 히스기야 혹은 에스라가 아닌가 추측할 뿐이다.

왜 룻기를 기록하였는가? 세 가지 목적이 있었을 것이다. 첫째는 다윗 왕조의 계보를 보여줌으로써 하나님의 섭리의 오묘함을 깨닫게 하고, 둘째는 하나님의 선민은 룻에게서 볼 수 있듯이 혈통적 유대인뿐 아니라 여호와 하나님을 믿는 모든 사람이란 것을 깨닫게 하고, 셋째는 기업 무를 자의 제도를 통해서 장차 우리의 기업을 무를 자인 메시아의 등장을 알게 하기 위해서이다.

이제 여기서부터 우리는 사사기를 이은 사무엘상 1장에서 12장에 이르는 이스라엘의 마지막 사사인 사무엘을 다루게 된다. 사무엘은 왜 사무엘서를 기록했는가? 크게 세 가지 목적이 있었다고 본다. 첫째는 사사 시대의 퇴조와 왕국 시대의 출발을 보여줌으로써 왕정제도의 필요성을 가르쳐주고, 둘째는 변화시대에 사무엘이 어떻게 했는가를 보여주고, 셋째는 사울 왕가의 몰락과 대비해서 다윗 왕가의 번영을 보여주고 의로운 다윗 왕가에서 장차 임할 메시아 왕국을 대망케 하려는 데 목적이 있었을 것이다.

사무엘은 왕 제도의 필요성에 대해 먼저 언급하고 있다. 당시 블레셋의 침공으로 지파 동맹이 붕괴되는 과정에서 지파동맹의 중앙에 있는 성소인 실로에서 일어난 일을 기록하고 있다. 그 성소에는 대제사장 엘리가 여호와를 섬기고 있었고 소년 사무엘이 그를 돕고 있었다. 이때는 왕 제도 대신 제사장 정치가 세습적으로 이루어졌다.

당시 실로에는 언약궤가 중심을 이루고 있었다. 그때 블레셋과 전쟁에서 이스라엘의 전세가 불리하게 되자 이스라엘 장로들은 적들로부터 하나님께서 구원해 주도록 하기 위해(삼상 4:3) 언약궤를 모셔오도록 했다. 그러나 이스라엘은 패배하여 전리품으로 언약궤까지 블레셋 땅으로 빼앗기고 만다. 이때부터 성소인 실로에 대한 언급이 전혀 없다. 무엇 때문인가? 시편 78편 60-64절에 보면 여호와께서 성소를 떠나셨고, 하나님의 영광인 언약궤를 적의 손에 붙이셨다고 기록하고 있다(렘 7.12). 최근 고고학적 발견에 의하면 블레셋이 팔레스타인을 공격할 때 실로가 크게 파손된 것으로 본다. 어찌되었든 이때부터 실로는 이스라엘의 역사에서 사라지고 만다. 이 충격적 패전으로 엘리는 의자에 앉아 있다가 충격으로 쓰러지면서 목뼈가 부러져 죽고, 그의 며느리는 아들을 낳아 이름을 이가봇(영광이 이스라엘을 떠났다는 뜻, 삼상 4:12-22)이라고 지었다. 블레셋이 팔레스타인 지역의 거의 대부분을 장악하고도 왜 군사력을 발휘하지 못했는가는 수수께끼이다. 아마도 블레셋의 도시국가(수 13:3) 내부의 취약점 때문이 아닌가 추측된다. 또 한 가지는 이스라엘이 정치적 위기에 처할 때마다 발휘되는 신앙의 활력소 때문에 블레셋이 맥을 추지 못했을 것이다.

다 아는 대로 이스라엘 최후의 사사는 사무엘이다. 사무엘은 모세 이후 이스라엘 최고의 정신적 지도자이다. 그는 사사시대로부터 예언자 시대로 넘어가는 전환점에서 이스라엘에 큰 역할을 감당한 지도자였다. 이제 이스라엘은 점차 동맹체제에서 좀 더 안정적인 왕정체제로 옮겨가고 있었다. 그 전환점이 되는 고리 역할을 한 사람이 바로 사무엘이다. 그는 사사로 있으면서 온 나라를 순회한 것을 볼 수 있다. 사무엘상 8장 4-5절에 보면 이런 말이 나온다. "이스라엘 모든 장로가 모여 라마에 있는 사무엘에게 나아가서 그에게 이르되 보소서 당신은 늙고 당신의 아들들은 당신의 행위를 따르지 아니하니 모든 나라와 같이 우리에게 왕을 세워 우리를 다스리게 하소서 한지라". 처음에 사무엘은 그들의 제안을 거절했다. 중앙집권으로 왕이 백성의 자유를 억압하고 폭정에 시달리게 될 것이라고 하면서 단념시키려고 노력했다. 그러나 백성의 고집을 꺾을 수는 없었다. 사무엘상 8장 7절에 보면 이런 말이 나온다. "여호와께서 사무엘에게 이르시되 백성이 네게 한 말을 다 들으라 이는 그들이 너를 버림이 아니요 나를 버려 자기들의 왕이 되지 못하게 함이니라". 그 결과 사무엘상 10장 17-27절에 보면 사무엘이 이스라엘 지파 전체를 모아 제비뽑기로 사울을 선택한 것을 볼 수 있다. 사무엘상 12장에는 사사로서 사무엘의 고별인사가 나온다. 여기서부터 사울, 다윗, 솔로몬으로 이어지는 120년간의 통일왕국 시대가 시작된다.

사울은 본래 베냐민 지파 출신 농부였으나 왕으로 발탁되었다. 왕이란 일반적으로 능력보다는 출신 성분이 우선이지만 유대인의 왕은 그렇지 않았다. 당시에는 율법에 합당한 자로 능력만 있으면 누구나 왕이 될 수 있었다. 사울 왕 때에는 전쟁의 연속이었다. 당시 사울은 전쟁에 능력이 뛰어난 사람이었으나 외교에는 수완이 없어서 처음에는 모든 사람의 지지를 받지 못했다. 그의 암울하고도 무뚝뚝한 성품은 성경에 잘 묘사되어 있다. 그는 때로는 관대했지만 때로는 참을 수 없는 분노를 폭발했는데, 아마도 조울증을 앓았던 것으로 보인다. 그것은 다윗을 데려다가 수금을 타고 연주하게 한 것에서 잘 나타난다.

사무엘은 왕정제도의 단점을 잘 알고 있었기 때문에 처음에는 주저했지만 하나님께서 허락하셨기 때문에 진행한 것이다. 사무엘상 8장 7절에 이런 말이 나온다. "여호와께서 사무엘에게 이르시되 백성이 네게 한 말을 다 들으라 이는 그들이 너를 버림이 아니요 나를 버려 자기들의 왕이 되지 못하게 함이니라". 9절에는 "그러므로 그들의 말을 듣되 너는 그들에게 엄히 경고하고 그들을 다스릴 왕의 제도를 가르치라". 왕정제도의 단점이란 직업군을 두기 때문에 많은 경비가 필요하고, 그래서 결국 가혹한 조세 부과와 강제노역을 해야 함을 사무엘은 잘 알고 있었던 것이다. 그러나 왕이 된 사울은 초기에는 겸손하고 전쟁에서도 승리하였으며, 그는 출중한 외모와 보기 드물게 키가 크고 잘 생겨서 대중들을 매혹시킬 수가 있었던 것이다.

게다가 사울은 그의 수하에 다윗이라고 하는 유능한 장수를 두었으나 불행하게도 다윗의 능력을 두려워하고 시기해서 그를 여러 번 제거하려고 했다. 사울 왕은 처음에는 성공했으나 결국 블레셋과 전쟁에서 패하고 사랑하는 아들 요나단과 함께 죽고 만다. 이런 싸움이 오랫동안 계속 되었기 때문에 유대 민족에게는 생존을 위한 몸부림의 시대였다. 왕정제도에 관한 최초의 시도는 결국 재앙으로 끝나고 만다.

그러나 사도행전 13장 22절에 이런 말이 나온다. "다윗을 왕으로 세우시고 증언하여 이르시되 내가 이새의 아들 다윗을 만나니 내 마음에 맞는(합한) 사람이라 내 뜻을 다 이루리라”. 그러면 다윗은 어떤 사람이기에 하나님의 마음에 맞는 사람이라고 했을까? 본래 다윗은 사울 왕이 고용한 용병 중 하나였다. 다윗은 겸손하고 매력적인 모압 여인 룻의 후손이었다. 다윗은 목동이었기 때문에 처음 군대에 들어갔을 때에는 무기에 대해 전혀 아는 바가 없었다. 사울이 그에게 갑옷과 칼을 주었을 때 그가 거절한 것은 무기를 전혀 사용할 줄 몰랐기 때문이다. 다윗이 블레셋의 명장인 골리앗과 싸우기 위대 사용한 무기는 물매였다. 이것은 다윗이 양을 치면서 맹수들에 대항할 때 사용했던 원시 무기였다. 그런 다윗이 명장이 될 수 있었던 것은 하나님이 함께 하신다는 확신과 블레셋과 전쟁에서 전문적 훈련을 통해 하나씩 배운 것이다. 당시 블레셋은 철제 무기들을 사용했고 이스라엘은 아직 철제 무기도 없는 후기 동기 시대였다. 그러나 블레셋의 용병들을 통해 다윗은 문화가 발달한 많은 무기들과 전술을 배울 수가 있었다. 당시 용병들에게는 땅을 주어야만 했기 때문에 언제나 새로운 땅이 필요했고 전쟁은 불가피한 시대였다.

왜 다윗이 위대한 왕인가? 폴 존슨이 쓴 세 권으로 된 《유대인 역사》에 보면 세 가지를 지적하였다. 첫째로 다윗은 왕과 제사장의 역할을 융합시켰다. 이것은 사울 왕 시대에는 생각도 못할 일이었다. 사무엘의 두 아들이 타락해서 아버지 눈에서 떠났기에 물려줄 만한 직계 후세자가 없어서 사무엘은 많은 것을 다윗에게 위임했다. 다윗은 밧세바와 음란을 범했고 또 이것이 탄로날까 봐 남편인 우리아를 최전방에 보내 전사케 하는 죄를 범했음에도 불구하고 하나님의 마음에 맞는 것은 다윗이 깊은 종교성을 지녔기 때문이다. 시편에 있는 다윗의 회개 기도에서 보듯이, 다윗은 기도의 사람이요 찬양의 사람이었다. 둘째로 군사적 업적으로는 다윗을 따라올 인물이 없을 정도였다. 다윗은 블레셋을 진압하고 북으로 진출하여 암몬, 모압, 에돔, 아람, 소바 그리고 심지어 북동쪽에 떨어져 있는 아람-다메섹에 이르기까지 그의 권위를 확고히 했다. 당시 이집트는 세력이 약화되어 있었고, 앗수르와 바벨론은 아직 그 힘을 키우지 못하고 있었던 것도 다윗에게는 행운이었다. 셋째로 다윗은 정치, 종교적 수도를 예루살렘에 두게 하였다는 점이다. 이것은 다윗이 여부스 사람을 쫓아냄으로 가능하였다. 이것을 통해서 다윗은 이스라엘의 남과 북이 통합될 것이라고 믿었고, 또 그렇게 된 것이다. 예루살렘 성은 남쪽 기드론 시내 쪽으로 흘러가는 세 개의 계곡인 힌놈(남쪽), 기드론(동쪽), 중앙계곡 위에 건설된 도시이다. 그러면 다윗이 어떻게 여부스족의 예루살렘을 공략했는가? 그 기록이 사무엘하 5장에 자세히 기록되어 있다. 당시 예루살렘 성은 기브온이나 므깃도의 다른 팔레스타인 성들처럼 비밀 터널을 통해서 샘을 연결하여 어떤 포위 공격에도 물 공급을 유지할 수 있었다. 다윗은 그것을 사전에 잘 알고 있었기 때문에 쉽게 정복할 수 있었던 것이다. 사무엘상 5장 8절에 "누구든지 여부스 사람을 치려거든 물 긷는 데로 올라가서 다윗의 마음에 미워하는 다리 저는 사람과 맹인을 치라"고 그 방법이 기록되어 있다. 즉 요압 장군과 그의 부하들은 물을 길어 올리는 바위벽을 타고 올라가 성 내부에 들어가 쉽게 점령할 수 있었던 것이다. 다윗의 가장 위대한 공헌은 바로 예루살렘을 여부스 사람들에게 빼앗아 다윗성이라 이름을 짓고, 그곳을 정치·종교의 중심지로 만들어 아들인 솔로몬 때에 성전을 지은 점이다. 다윗이 당시 신정정치의 상징인 법궤를 예루살렘으로 옮겨 온 백성의 마음을 통일한 점은 그의 공헌이다.

다윗은 열정적이고 성급하고 때로는 분별력이 없어서 죄를 짓기도 했지만 그럴 때마다 회개하고 온전한 마음으로 하나님을 두려워했던 인물이다. 그의 아들 솔로몬은 아버지의 유훈에 따라 성전을 짓기는 했으나 다윗과는 전혀 달리 세속적인 인물이었다. 솔로몬이 쓴 잠언, 아가, 전도서를 보면 초월적 하나님에 대한 경외심이 결여된 것을 볼 수 있다. 솔로몬은 누구보다도 전형적인 고대 근동의 군주로, 아버지 세대의 관리들을 제거하고 심지어 그 일부를 살해함으로써 통치의 변화를 가져왔다. 다윗은 용병을 조직한 반면 솔로몬은 남쪽 지파 사람들을 핵심 주력군으로 삼았다. 따라서 솔로몬이 죽고 그의 아들 르호보암이 왕이 되었을 때 북쪽 지파인 10지파가 갈라져 여로보암을 중심으로 북왕국 이스라엘을 세운 것은 이미 솔로몬 때에 분열 조짐을 보였다가 아들 대에 와서 완전히 분리된 것에 불과하다.

다윗이 성직을 중시한 왕이라고 하면 솔로몬은 절대군주주의자라고 할 수 있다. 솔로몬은 성전과 궁전을 짓기 위해서 강제노역제도를 강압적으로 도입했다. 당시 솔로몬은 가나안 원주민 지역과 왕국 북쪽에 있는 사람들에게만 세금을 부과했고 유다 지파는 면제해 주었다. 솔로몬은 거대한 건축 사업을 강제노역으로 이용했다. 열왕기상의 기록을 보면 솔로몬은 채석장에서 8만 명의 인부와 3천 3백명의 관리들, 돌을 운반하는 7만 명의 인부를 파견하고 건축용 목재를 마련키 위해 레바논으로 3만 명의 인부를 파견하였다고 기록하고 있다(왕상 5:13-16). 솔로몬이 강제노역을 할 수밖에 없었던 것은 하나님의 성전과 자기의 궁전과 밀로와 예루살렘 성과 하솔과 므깃도와 게셀을 재건하는 데 인력이 필요했기 때문이다(왕상 9:15). 솔로몬은 위에서 말한 세 도시를 건설할 때, 처음에는 이스라엘인을 사용했지만 전문 기술이 필요한 작업에는 외국에서 데려온 석수들을 사용했다.

솔로몬이 이런 야심찬 계획들을 실행하기 위해서는 노동력뿐 아니라 재원도 필요했기 때문에 지파들에게 세금도 걷어야 했고, 이를 위해 인구 조사도 실시했다. 그는 나라를 12개의 조세 구역으로 나눈 후에 전차와 성과 기타 중요한 병참을 마련하기 위해 더 많은 세금을 부과했다. 아버지 때에 점령했던 다메섹은 방비에 비용이 많이 들어 철수했고, 숙련된 기술자들을 제공한 동맹국 두로의 왕에게는 그 답례로 북서쪽의 땅을 양도했다. 솔로몬 때에 주목할 것은 이때 비로소 철기문화에 접어들어 철제농기구를 사용했다는 점이다. 솔로몬의 가장 큰 잘못은 '신부가 무역을 성사시킨다'는 주장으로 주변국 제후의 딸들과 결혼하기 시작한 점이다. 심지어 이집트 파라오의 딸과도 결혼을 했다. 또 남부 아라비아에서 온 시바 여왕의 방문은 무역과 중요한 관계가 있다. 주로 몰약, 유향 그리고 향신료 분야에서 아라비아의 무역이 관장하고 있었기 때문이었다. 솔로몬은 무역에는 천재적인 능력을 가지고 있었다. 그것은 그가 두로 왕 히람과 함께 선단을 운영한 것에서 잘 알 수 있다. 유다와 두로의 두 왕은 심지어 희귀한 돌들과 새, 백단향 그리고 상아까지 취급했다. 솔로몬은 길리기아에서 말을 사들여 전차를 받고 이집트에 팔았다. 말하자면 무기상 노릇을 했다는 말이다.

솔로몬의 성전은 어느 정도의 규모인가? 폭이 9.9미터, 방이 세 개, 길이가 4.8미터인 현관, 길이가 19.8미터인 성소, 이집트 성전처럼 내부에 빛을 차단할 9.9미터 정사각형 모양의 지성소가 있었다. 이 성전은 유대인에게는 아주 낯선 건축 방식이었다. 페니키아 석공들이 돌에 장식을 입혔고, 두로의 히람(히람 왕과는 동명이인)을 보내어 파견하기도 했다.

바다 모양의 물두멍은 받침대 위에 놓였는데 놋대야에 약 4만 4천 리터의 물이 들어가는 크기였다니 그 규모를 짐작할 수 있다. 이것은 청동으로 만들어졌는데 12마리 소가 받치고 있다. 성전 양쪽에 있는 보아스와 야긴의 두 기둥은 그 높이가 각각 12미터에 이른다. 지성소에는 언약궤 즉 법궤가 들어 있는데 조안 코마이(Joan Comay)가 쓴 《예루살렘의 성전》이란 책에 보면 모세의 지팡이와 아론의 싹 난 지팡이, 십계명 돌판, 만나가 담긴 항아리, 그리고 야곱이 광야에서 꿈을 꿀 때 베고 자던 돌베개가 보관되어 있었다고 한다. 바벨론에 망한 후 이 모든 것이 사라졌기 때문에 그것을 확인할 길은 없다. 법궤는 길이 1.2미터, 높이 75센티미터의 아카시아 나무로 만든 상자에 금으로 덮었고, 양측 면에 달린 고리에 막대기를 끼워 운반했다. 그 안에는 십계명이 새겨진 두 개의 돌 판이 들어 있었다. 유대인에게 이 법궤는 숭배의 대상이 될 수 없는 것이지만, 중요한 것은 유대인은 법궤 안에 하나님께서 거주하신다고 믿었다. 그래서 궤가 떠날 때에는 "여호와여 일어나사 주의 대적들을 흩으시고 주를 미워하는 자가 주 앞에서 도망하게 하소서 하였고 궤가 쉴 때에는 말하되 여호와여 이스라엘 종족들에게로 돌아오소서"(민 10:35-36) 하고 소리를 질렀다.

솔로몬은 다윗이 이룩한 통일왕국을 깨뜨리고, 오히려 이집트의 노예 상태를 상기시켜주는 결과를 가져왔다. 특별히 무역을 위해 주변 제후의 딸들과 결혼하여 예루살렘과 백성은 물론 심지어 왕궁에까지 우상을 심어놓게 되었다. BC 926

년 쯤 솔로몬이 죽은 후에 르호보암은 북쪽 세겜으로 와서 왕이 되어야 한다고 주장했고, 여로보암처럼 솔로몬 당시에 망명할 수밖에 없는 인물은 솔로몬이 죽은 후에 귀국해서 강제 노역과 높은 세금 폐지를 요구했다.

그러나 어리석은 르호보암은 부친의 옛 조언자들의 말을 무시하고 젊은 신하들의 말로 대답하였다. "내 아버지는 너희의 멍에를 무겁게 하였으나 나는 너희의 멍에를 더욱 무겁게 할지라 내 아버지는 채찍으로 너희를 징계하였으나 나는 전갈 채찍으로 너희를 징치하리라"(왕상 12:14). 이로 인해 여로보암이 이끄는 열 지파가 갈라져 나가 북왕국 이스라엘을 세우고, 르호보암은 두 지파만을 이끄는 남왕국 유다의 왕이 된 것이다.

그러나 놀라운 것은 룻기이다. 4장밖에 안 되는 작은 책이지만, 그것이 중요한 의미를 가지는 것은 아브라함의 계열이 보아스에서 끝나는 것 같았는데 이방 여인 룻과 혼인하여 아들을 낳고 그가 바로 다윗의 아버지인 이새를 낳았기 때문이다. 룻은 모압 여인이다(룻 4:13; 마 1:5). 놀라운 것은 유대인과 이방 여인인 룻이 결합하여 다윗 계열로 연결되었고 그 후손이 바로 예수 그리스도라는 점이다.

룻기가 끝나면서 사무엘상하가 나온다. 본래 이 책은 한 권이었으나 BC 3세기에 헬라어로 번역된 70인역(Septuagint)에서부터 둘로 나누게 되었다. 분량이 많았기 때문이다. 사무엘상은 사무엘 자신의 이야기와 사울의 역사를 기록하고 있고, 사무엘하는 다윗의 역사를 중심으로 기록하고 있다.

다윗 때에는 미켈란젤로의 다윗 상(이탈리아의 피렌체에 있음)에서 볼 수 있는 것처럼 명장의 모습으로 주변 나라와 전쟁에서 연전연승을 거두었다. 당시의 영토는 지금 이스라엘의 5배나 되는 제국이었다. 다윗의 또 다른 업적은 여부스족의 수도를 빼앗아 예루살렘을 수도로 삼아 하나님의 법궤를 예루살렘의 중앙에 있는 성소에 둔 점이다. 이것은 다윗의 가장 위대한 업적이다. 그뿐 아니라 그는 시편을 편집하여 후세에 남겼다.

다윗의 생애는 사무엘하 11장까지는 계속 위로 향하여 상승한다. 처음에는 정치적 승리(5장까지), 다음에는 영적 승리(6-7장), 다음에는 군사적 승리(8-10장)가 있었다. 그러나 11장에서 밧세바와 간음하고 우리아를 살해하고 나서부터는 처음에는 개인 가정에 문제가 생기고 13장 37절부터는 그의 왕국에 많은 문제가 생긴다. 죄의 열매는 언제나 남기 때문이다.

통일왕국 시대를 지나 분열왕국 시대 후 하나님의 법궤는 바벨론에 멸망할 때(BC 586) 사라지고 말았다. 그것이 어디로 갔는지에 대해서는 아직도 미스테리로 남아 있다. 이 법궤는 하나님과 만나는 장소로서 앞으로 오게 될 "길이요 진리요 생명이신 예수 그리스도"를 예표한다. 이 법궤 속에는 만나와 지팡이와 두 개의 돌판(십계명이 기록된 것)이 들어 있는 항아리가 보관되어 있었다(히 9:4).

다윗 당시는 유목사회에서 농경사회로 진행된 시대였다. 그러나 솔로몬이 즉위한 후에는 영토를 넘보는 이민족의 도발이 계속되었다. 솔로몬은 다윗과는 달리 재벌2세처럼 관리형 통치자였다. 그래서 그는 외교와 평화 교섭으로 나라를 지키려 했다. 문제는 그의 호방한 생활로 말미암아 이스라엘을 도덕적으로 타락시키고 만 점이다. 가장 큰 문제는 주변국과 전략적 결혼으로 첩들이 거처하는 곳은 물론 심지어 예루살렘 안에도 우상이 버젓이 나타나기 시작하였다. 나라는 분열의 조짐을 보이다가 그의 아들인 르호보암이 왕위에 오르자 북쪽의 10지파들이 시정 개혁을 요구하였으나 묵살되고 마침내 나라는 남북으로 나누어졌다. 솔로몬 사후 1년을 넘기지 못했던 것이다. 여기서부터 약 350년간 분단왕국이 시작된다. 성전과 왕궁을 건축할 때 강제 부역과 재정 부담이 컸기 때문에 백성의 불만은 솔로몬 때에 이미 팽배했지만 참고 견디었던 것이다. 르호보암이 왕이 되었을 때 불평자들의 대표였던 여로보암이 북쪽의 열 지파를 중심으로 북왕국 이스라엘의 왕이 되었고, 남은 것은 남쪽 두 지파인 유다 지파와 베냐민 지파뿐이었다. 이들이 남왕국 유다이다.

북왕국 이스라엘은 불과 209년(BC 930-722) 만에 앗수르 제국에 멸망하였고, 남왕국 유다는 136년간 더 버티다가 앗수르의 뒤를 이은 바벨론에 멸망하다. 북왕국 이스라엘은 7왕조가 바뀌는 쿠데타가 끊이지 않았다. 어떤 왕(시므리)은 불과

7일 동안 왕위를 지키다가 퇴위하기도 했고, 대부분 왕들이 암살이나 비명으로 사라졌다. 이스라엘이 다른 나라 역사와 다른 것은 나라가 위기에 처했을 때에는 언제든지 예언자들이 나타났다는 점이다. 이스라엘은 건국 후 약 반세기 지났을 무렵 오므리가 왕위에 올랐다. 그는 유능한 지도자였다. 국력은 회복되고 빼앗겼던 땅도 회복되었다. 문제는 그 다음 왕인 아합이었다. 그는 시돈 왕의 딸 이세벨 공주를 아내로 맞았는데 그 결혼은 철저한 정략결혼이었고 그녀는 철저한 바알 숭배자였다. 첫째는 다메섹에 있는 아람을 대항하고, 시돈과 조약을 통해 경제적 이득을 채우려는 속셈이었다. 바알 숭배에는 어린애를 우상의 제물로 바치기도 했다. 이세벨은 당시 사유재산의 관습을 무시하고, 이웃 사람인 나봇의 포도원을 탐내 모함해서 죽게 하고 포도원을 빼앗기도 했다(왕상 21:1–10). 유명한 예언자 엘리야가 그녀를 책망했다(왕상 21:19). "나봇의 피를 핥던 개들이 같은 장소에서 네(아합 왕) 피를 핥으리라"(왕상 21:19). 그로부터 12년 후에 아합은 전쟁에서 죽고 예후 장군이 정권을 장악하여 이세벨과 아합의 가족들을 도륙했다. 이사야의 예언이 성취된 것이다. 그래서 예후 왕조가 시작된다. 마침내 이스라엘은 앗수르의 침략을 받아 10년간 버티다가 앗수르에 망한다. 이로써 이스라엘의 멸망과 함께 이스라엘의 10지파는 역사에서 완전히 사라진다. 이들은 이웃 나라에 동화되기도 하고 유다 왕국에 흡수되기도 하고 어떤 사람들은 아라비아 반도의 남단 예멘으로 옮겨가기도 했다. 대부분의 사람들은 앗수르 사람과 결혼하여 동화되고 말았다. 이들이 바로 사마리아인이다.

남왕국 유다도 이스라엘보다 136년 뒤 BC 586년에 바벨론에 멸망당한다. 유다 역시 모압과 블레셋(팔레스틴)과 전쟁에 많이 시달렸다. 유다에도 이세벨과 같은 악한 왕후가 있었다. 이세벨의 딸인 아달랴인데, 어머니를 닮아 사치스럽고 탐욕스러웠다. 바알 신을 궁중으로 끌어들이고 다윗의 자손을 도륙했다. 마침내 바벨론이 앗수르를 멸망시킨 후에 유다를 침략했다. BC 606년에 바벨론은 성전에 난입하여 성전을 파괴하고 속국으로 만들고 첫 번째 포로들을 잡아갔다. 유대인은 이때(BC 606 제1차 포로)부터 바벨론 포로를 계산하여 70년으로 말한다. 그들은 70(7x10)이란 수를 신성시하기 때문이었다. 그러나 정확하게는 나라가 망한 후부터(BC 586) 50년으로 계산하는 것이 현대적 계산 방법이다.

열왕기는 예언자적 관점에서 기록하고, 역대기는 제사장적 관점에서 기록했기 때문에 차이가 있다. 그래서 열왕기에는 다윗과 솔로몬의 죄가 자세히 기록되었으나 역대기에는 다윗의 죄와 솔로몬의 죄는 언급되지 않고, 그들이 성전을 위해서 무엇을 했는가만 강조하고 있다. 열왕기를 기록한 저자는 미상이지만 내용으로 보아 예언자 예레미야가 기록했을 것으로 추리된다. 반대로 역대기는 에스라가 기록한 것으로 보인다. 왜냐하면 역대하의 마지막 부분인 36장 22-23절과 에스라 1장 1-3절이 서로 일치하고 있기 때문이다.

그러면 분열왕국 시대의 예언자들은 어떤 사람들이었는가? 선지자들은 크게 문서 선지자와 구두 선지자로 나눌 수 있고, 또 문서 선지자들은 대선지자들과 소선지자들로 나눈다. 여기서 대소의 차이점은 문서의 분량에 따라 나누는 것이지 그들의 위대함을 말하는 것은 아니다. 먼저 우리는 구두 선지자 중 엘리야부터 살펴보자. 그는 고요하고 목소리가 작은 사람이었지만 큰 반응을 일으켰다. 그는 대중설교가라고 할 수 있다. 특히 이세벨과 대결은 정말 극적이었다. 그는 갈멜산 위로 바알 선지자들과 아세라 선지자들을 모아놓고, 무엇이 참종교인가를 백성이 구별하도록 대결하되 불로 역사하는 신이 참신이므로 누구의 기도가 응답되는가로 가리기로 했다. 먼저 바알과 아세라 선지자들이 시작했다. 그러나 아무런 역사도 나타나지 않았다. 이번에는 엘리야가 하나님께 기도했다. 엘리야는 그의 제물과 나무에 물을 세 번이나 갖다 붓고 기도했다. 그것은 마술이 아님을 증명하기 위해서였을 것이다. 기도의 내용은 아주 간단한 세 가지였다. 먼저 여호와 하나님께서 참하나님이심을 증명해 주실 것, 둘째는 엘리야가 하나님의 참종인 것과 셋째는 엘리야가 행하는 모든 일이 하나님의 말씀대로 하는 것임을 나타내 달라고 기도했다(왕상 18:36). 이에 하늘에서 불이 내려와 나무와 번제물과 돌과

흙을 태웠다. 엘리야는 여기서 끝나지 않고, 모든 바알 선지자들과 아세라 선지자들을 기손 시내로 데려다가 다 죽였다(왕상 18:40). 이 같은 일에도 불구하고 엘리야가 이교도들을 뿌리 뽑을 수는 없었다. 아합 왕이 속한 오므리 왕조의 멸망을 예언하기는 했으나 오므리 왕조를 파괴할 수는 없었기 때문이다. 여기서 응답하신 하나님은 모세 때처럼 말씀하지 않고 세미한 음성으로 말씀한 것이 특징이다.

엘리야는 후계자인 엘리사에게 기름을 부은 후에 회오리바람처럼 불 병거를 타고 승천했다. 엘리야가 승천하기 전 그가 데려감을 당하기 전에 어떻게 해줄지를 엘리사에게 구하라고 했다. 그때에 엘리사가 엘리야에게 한 간청이 많은 사람들에게 오해를 일으킨다. "당신의 성령이 하시는 역사가 갑절이나 내게 있게 하소서"(왕하 2:9)라고 했다. 이 번역은 옛날 번역보다 훨씬 분명하다. 이전의 번역은 "당신의 영감이 갑절이나 내게 있게 하기를 구하나이다"라고 했다. 성령은 하나님만 주실 수 있으며 사람은 아무도 줄 수가 없으며, 더욱이 자기가 가진 성령의 두 배를 준다는 것은 산술적으로도 있을 수 없는 일이다. 이 말씀은 신명기에 있는 말씀의 맥락으로 해석해야 한다. 신명기 21장 17절에 보면 "장자로 인정하여 자기의 소유에서 그에게는 두 몫을 줄 것이니"라고 했는데 이것은 유산법이다. 장남은 다른 아들들보다 갑절을 받는다. 다시 말하면 엘리사는 엘리야의 후계자가 되게 해달라는 청원을 한 것이다.

놀라운 것은 엘리사가 이적을 행한 것이 엘리야의 이적보다 두 배나 된다는 점이다. 그렇다고 엘리사가 더 위대한 것은 아니다. 왜냐하면 변화산에 나타난 선지자의 대표가 엘리야인 것은, 그를 예언자의 대표로 삼는 유대인의 전통 때문이다.

2장

철기 시대(BC 1200-586)

철기 시대의 가장 중요한 사건은 북이스라엘이 앗수르에 멸망한 것과 136년 후에 남유다가 앗수르의 속국이었던 바벨론에 멸망한 일이다. 솔로몬 이후 남북왕국으로 나누어져 북이스라엘은 7번의 쿠데타를 통해 19명의 왕들이 등장했고, 남유다는 다윗의 혈통으로 20명의 왕들이 통치했다. 남유다 왕 중에는 간혹 하나님 보시기에 정직한 왕들이 나타났는데 그중 가장 위대한 왕은 요시야 왕이다(왕하 22:2). 출애굽 이후 처음으로 요시야 때에 유월절을 지키기 시작하여(왕하 23:21), 열왕기하 23장 22-23절에는 이렇게 기록하고 있다. "사사가 이스라엘을 다스리던 시대부터 이스라엘 여러 왕의 시대와 유다 여러 왕의 시대에 이렇게 유월절을 지킨 일이 없었더니 요시야 왕 열여덟째 해에 예루살렘에서 여호와 앞에 이 유월절을 지켰더라".

그러면 앗수르는 어떤 제국인가? 이들은 BC 1200년부터 메소포타미아(헬라어로 두 강, 즉 유프라테스 강과 티그리스 강 사이에 있는 땅이란 뜻) 지역을 다스리고 있었다. BC 722년에 북왕국 이스라엘이 앗수르에 망했다. 북왕국 이스라엘의 마지막 왕은 호세아(BC 732-722)였다. 그도 전 왕인 베가를 죽이고 왕이 된 사람이다. 호세아는 앗수르의 왕인 디글랏빌레셀에게 조공을 바쳤다. 그러나 앗수르 왕이 살만에셀 5세(BC 727-722)로 바뀌자 약삭빠르게 이집트에 원조를 요청했다. 이 사실을 안 살만에셀은 북왕국의 수도인 사마리아를 3년 동안 포위했지만 전쟁 끝에 죽고 만다.

그러자 사르곤 2세가 왕이 되었다(BC 722-705). 그는 배신자인 북왕국 이스라엘을 멸망시키고 북이스라엘 백성을 앗수르 여러 지역으로 끌고 갔다. 정복한 사마리아 지역에 여러 민족들을 강제로 이주시키는 강제이주정책이었다. 마침내 북이스라엘은 이방인과 혼합주의 신앙으로 뒤섞이게 되고, 나라도 신앙도 민족적 정체성도 상실하게 된다. 하나님께서는 앗수르를 회초리로 삼아 북왕국 유다를 치시면서, 남유다도 돌이키지 않으면 이와 같이 심판하시겠다는 경고이기도 했다. 그러나 유다는 그 경고를 무시하였다.

신약성경에 보면 유대인은 사마리아인들과 인사도 하지 않고, 심지어 남유다에서 가버나움으로 갈 때에도 사마리아를 통해 가깝게 직통으로 갈 수 있는데도 옆에 있는 베뢰아로 돌아갈 정도였다. 그러나 더 아이러니한 것은 피를 더럽혔다고 조롱받던 사마리아인이 몇백 명 남아 외국인과 반쯤 피가 섞인 사람들이 되었지만, 지금의 유대인(남왕국 유대의 후손)보다는 피가 더 순수하다는 점이다.

그러면 앗수르는 어떻게 망하게 되었는가? 당시 바벨론은 앗수르에 조공을 바치는 속국이었다. 그러나 앗수르가 교만하여 있을 때에 하나님께서는 바벨론을 일으켜 앗수르를 멸망케 하다. 그 역사적 사정은 다음과 같다. 바벨론은 독립을 하기 위하여 메대와 손을 잡아서 앗수르의 수도인 니느웨를 빼앗아 제국의 생명을 끊어 놓았다. 앗수르는 소수가 하란으로 옮겨가 최소한의 명맥을 유지했으나 그때에 이집트의 느고 왕이 하란으로 올라가 앗수르를 쳐서 520년간 통치하던 앗수르는 나훔 선지자의 예언대로 역사에서 사라진다. BC 606년 바벨론의 첫 번째 침공이었으며, 이때 포로로 끌려간 사람이 다니엘과 그의 세 친구였다. 목적은 느브갓네살의 인질교육을 위해서였고, 제2차 포로는 에스겔과 예루살렘의 고위 관리 등 우수한 인력 1만 명을 끌고 갔는데 그것은 바벨론성을 세계 제일의 성으로 만들기 위해서였다.

성경에 보면 하나님께서는 앗수르 구원을 위해 요나 선지자를 보내어 회개하게 하시고 니느웨 12만 명의 생명과 그들의 가축을 구원하셨다. 하나님께서는 앗수르를 통해 북왕국의 국경을 무너뜨리시고, 남유다에는 136년간의 집행유예 기간을 주셨다. 이때의 예언이 히스기야에게 전해진 것이 이사야 선지자의 예언이다(대하 33:20 이하).

그러면 이사야는 어떤 사람인가? 그는 유다 왕 아마샤의 조카로, 그의 사상은 서민적이고 민주적이었다. 이사야는 이스라엘의 종교가 영성화되기를 원했다. 이사야가 예언한 목적은 무엇인가? 크게 두 가지이다. 첫째는 이스라엘이 특별한 언약백성임을 상기시켜서 하나님과 온전한 관계를 회복게 하고, 둘째는 메시아의 강림을 예언하여 하나님만이 구원의 소망임을 깨닫게 하려는 데 있다.

그의 메시지를 보면 심판과 회개와 미래의 비전을 볼 수 있다. 이사야서는 성경의 권수와 똑같이 66장으로 되어 있다. 그것도 39장까지는 구약성경의 요약처럼 되어 있고, 뒤에 나오는 27장은 신약성경의 요약이라고 할 수 있다. 앞의 39장은 멸망 전의 내용이 주를 이루고, 뒤의 27장은 포로로 잡혀간 이스라엘 백성을 위로하며 소망을 주는 내용으로 되어 있다. 자유주의 학자들은 이사야란 이름으로 두 사람이 쓴 것이라고 추상하기도 하지만, 뒤에 나오는 내용을 장차 앞으로 일어날 일의 예언서로 본다면, 구태여 그렇게 복잡하게 나누어 해석할 필요는 없다고 본다. 아무튼 앗수르가 사마리아까지는 점령하겠으나 예루살렘은 정복하지 못한다고 했다(사 14:24-27). 이사야서의 핵심은 온 세상의 모든 나라를 섭리하시는 분은 오직 여호와 하나님이심을 보여주는 데 있다. 세상의 역사와 달리 성경의 역사는 때때로 직관적이고 영적인 면에서 보아야 역사를 섭리하시는 하나님의 손길과 그 의미를 깨달을 수 있다.

이사야와 거의 동시대에 살았던 선지자는 예레미야이다. 예레미야는 그의 서기관이요 제자였던 바룩에게 예레미야서를 받아 적게 하였다. 그는 민족이 죄를 지음으로 파멸을 재촉하고 있는 것을 보았다. 예레미야는 요시야 왕이 행한 종교개혁을 실패로 보고 왕이 죽자 맹렬한 어조로 심판을 선포하여 성전 출입도 금지되었다. 고향 사람은 물론 가족까지도 예레미야에게 등을 돌렸다고 한다. 예레미야에게는 약간의 편집증이 있었던 것 같다. 왜냐하면 예레미야서에 "나는 끌려서 도살 당하러 가는 순한 어린 양과 같으므로 그들이 나를 해하려고 꾀하"였다고 했고(렘 11:19), "나의 고통이 계속하며 상처가 중하여 낫지 아니함은 어찌 됨이니이까 주께서는 내게 대하여 물이 말라서 속이는 시내 같으시리이까"(렘 15:18), "내 생일이 저주를 받았더면, 나의 어머니가 나를 낳던 날이 복이 없었더면"(렘 20:14)이라고 표현하고 있기 때문이다. 예레미야는 베냐민 지파 사람으로 예루살렘 북동부에 위치한 마을의 제사장 가문 출신으로 알려져 있다. 학자들은 예레미야란 이름이 "비탄"이란 말에서 유래하였다고 한다. 물론 예레미야는 절망을 선포하려고 한 것이 아니고, 이스라엘이 심판을 직시하고 그것을 준비하여 참유대인이 되는 법을 가르치는 데 목적이 있었다. 다시 말해서 정복자에게 복종하고 적응하여 역경을 최대한 이용하고 마음으로부터 하나님의 정의에 적응하라고 선포한 것이다.

그러면 예레미야서의 기록 목적은 무엇인가? 크게 두 가지이다. 첫째는 다가올 심판을 선포해서 회개하게 하고, 둘째는 "새 언약"(렘 31:31-34)을 선포하여 유다가 하나님의 새로운 백성이 되게 하려는 데 있다.

당시 이집트의 느고 왕은 앗수르의 니느웨를 되찾고자 유프라테스 강으로 진격했다. 이때 남유다 왕 요시야가 출정하여 이집트 왕 느고와 전쟁을 하게 되었는데 그 전쟁이 바로 유명한 므깃도(심판날 최후 결정적인 전쟁터 아마겟돈) 전쟁이다. 그러나 므깃도 전쟁을 에스겔 37-39장에 언급된 이스라엘 원수들의 멸망과 혼동해서는 안 된다.

므깃도 전쟁에서 요시야 왕이 전사하자(대하 35:20-27) 백성들이 그의 아들 여호아하스를 왕으로 추대했다(왕하 23:29-30). 애굽의 느고 왕은 바벨론과 전쟁으로 여력을 잃고 돌아오는 길에 23세의 여호아하스 왕을 이집트로 끌고 가 거기서 생을 마감한다. 왕이 된 지 3개월 만이었다. 애굽의 느고 왕은 요시야 왕의 아들인 여호야김을 왕으로 세우고 여호야김은 그 대가로 이집트에 은과 금을 조공으로 바쳤다(왕하 23:35).

바벨론의 세력이 점점 강해지자 유다는 3년간 이집트를 버리고 바벨론을 섬겼으나 이집트의 압력이 강해지자 또다시 이집트로 돌아섰다. 이에 격노한 바벨론은 여호야김 4년에 이집트를 먼저 쳤다. 그 전쟁이 갈그미스(유브라데 하숫가) 전투이다. 바벨론은 이집트를 점령한 뒤에 유다로 진격해서 예루살렘을 점령한다. 역대하 36장 18-21절에 보면 "또 하나님의 전의 대소 그릇들과 여호와의 전의 보물과 왕과 방백들의 보물들을 다 바벨론으로 가져가고 또 하나님의 전을 불사르며 예루살렘 성벽을 헐며 그들의 모든 궁실을 불사르며 그들의 모든 귀한 그릇들을 부수고 칼에서 살아 남은 자를 그가 바벨론으로 사로잡아가매 무리가 거기서 갈대아 왕과 그의 자손의 노예가 되어 바사국(페르시아)이 통치할 때까지 이르니라"고 기록하고 있다.

호세아서는 마음의 종교를 선포한 선지서이다. 그는 사랑의 힘에 관하여 예언하였고 마음의 변화를 부르짖었다. 그러나 호세아는 참으로 이해하기 어려운 사람이다. 왜냐하면 고멜이란 매춘부 여인을 두 번이나 사서 아내로 삼았기 때문이다. 성경 배경사를 연구하는 학자 중 어떤 사람은 호세아가 본래는 술꾼이요 여성 편력자였다가 개심한 예언자일지도 모른다고 말한다. 그러지 않고는 도무지 그의 행동을 이해할 수 없기 때문일 것이다. 호세아의 아내 고멜은 이방 신전의 성전 창기였다. 이것은 참남편인 하나님을 떠나 바알과 간통한 이스라엘을 상징하여 예언의 말씀을 주신 것이다. 그는 특별히 성적 타락을 강력하게 혐오하였다. 왕 예후가 정화정책을 표어로 내걸었으나 그 정화정책은 사악한 것이었다. 기구화된 제사장은 하나의 추문 거리에 불과했다.

호세아는 고멜과 사이에서 세 자녀를 낳았다. 첫 아이는 이스르엘, 둘째는 로루하마, 셋째는 로암미라고 이름지었다. 놀라운 것은 이름들에 다 예언적 의미가 있다. 첫째는 "예후의 집에 피의 심판이 있을 것과 이스라엘 족속의 나라를 폐한다"는 뜻이고, 둘째는 "다시는 이스라엘 족속을 긍휼히 여기지 않고 용서하지 않겠다"는 뜻이고, 셋째는 "너희는 더 이상

내 백성이 아니요 나는 너희 하나님이 되지 아니하겠다"란 뜻이다. 이 예언대로 이스라엘은 대량 학살을 당했고 흩어지고 만다. 앗수르의 강제이주와 함께 북쪽의 10지파는 역사와 신화 속으로 사라진다.

다음은 에스겔 선지자이다. 에스겔은 바벨론 제2차 침공 때 바벨론으로 끌려간 엘리트 그룹 중 한 명으로, 나이 많고 박식한 제사장이었다. 그의 아내는 예루살렘 성이 함락할 즈음에 사망하였고(겔 24:18), 홀로 남아 바벨론 부근 그발 강 근처 포로지에서 쓸쓸히 죽음을 맞이해야 했다. 절망과 고통 속에 있던 바로 그때, 그는 그발 강 제방 위에서 환상을 본 것이다. "내가 보니 북쪽에서부터 폭풍과 큰 구름이 오는데 그 속에서 불이 번쩍번쩍하여 빛이 그 사방에 비치며 그 불 가운데 단 쇠 같은 것이 나타나 보이고"(겔 1:4). 이것은 에스겔이 목격한 일련의 강력한 경험 중 첫 번째 환상으로 성경에서 가장 강력한 환상에 속한다. 에스겔은 이런 환상 속에서 선지자로 부름을 받았다. "내게 이르시되 인자야 내가 너를 이스라엘 자손 곧 패역한 백성, 나를 배반하는 자에게 보내노라. 그들과 그 조상들이 내게 범죄하여 오늘까지 이르렀나니 이 자손은 얼굴이 뻔뻔하고 마음이 굳은 자니라 내가 너를 그들에게 보내노니 너는 그들에게 이르기를 주 여호와의 말씀이 이러하시다 하라"(겔 2:3-4). 하나님께서는 포로로 잡혀가 있는 이스라엘 백성들이 패역함을 언급하면서 두려워 말고 외치라고 하셨다. "인자야 너는 비록 가시와 찔레와 함께 있으며 전갈 가운데에 거주할지라도 그들을 두려워하지 말고 그들의 말을 두려워하지 말지어다. 그들은 패역한 족속이라도 그 말을 두려워하지 말며 그 얼굴을 무서워하지 말지어다 그들은 심히 패역한 자라 그들이 듣든지 아니 듣든지 너는 내 말로 고할지어다"(겔 2:6-7).

에스겔은 하나님의 백성이 바벨론의 포로가 된 것은 모든 죄악에 대한 심판임을 일깨워주면서 이제라도 돌이키면 하나님의 은혜로 다시 회복할 수 있을 것이라고 격려한 선지자이다. 이스라엘의 회복에 관한 환상 중 가장 강력한 것은 에스겔 37장에 나오는 골짜기의 뼈들이 살아나는 환상이다. "여호와께서 권능으로 내게 임재하시고 그의 영으로 나를 데리고 가서 골짜기 가운데 두셨는데 거기 뼈가 가득하더라 나를 그 뼈 사방으로 지나가게 하시기로 본즉 그 골짜기 지면에 뼈가 심히 많고 아주 말랐더라"(37:1-2). 37장 7-8절에는 회복의 결과를 보여준다. "이에 내가 명령을 따라 대언하니 대언할 때에 소리가 나고 움직이며 이 뼈, 저 뼈가 들어맞아 뼈들이 서로 연결되더라 내가 또 보니 그 뼈에 힘줄이 생기고 살이 오르며 그 위에 가죽이 덮이나 그 속에 생기는 없더라"(겔 37:7-8). "이에 내가 그 명령대로 대언하였더니 생기가 그들에게 들어가매 그들이 곧 살아나서 일어나 서는데 극히 큰 군대더라"(겔 37:10)라고 했다. 에스겔서에서 놀라운 것은 그가 두로 왕을 루시퍼에 빗대어 사단의 기원을 언급한 점이다. "네 마음이 교만하여 말하기를 나는 신이라 내가 하나님의 자리 곧 바다 가운데에 앉아 있다 하도다 네 마음이 하나님의 마음 같은 체할지라도 너는 사람이요 신이 아니거늘"(겔 28:2) "너는 완전한 도장(model:모형, 본이란 번역이 더 정확하다)이었고 지혜가 충족하며 온전히 아름다웠도다"(겔 28:12). 위의 구절들은 이사야 14장 11-15절과 함께 루시퍼였던 사단의 기원에 대해 말한다. 이사야에서는 바벨론 왕을 빗대어 사단의 기원에 대해 말한다. "너 아침의 아들 계명성(라틴어로 루시퍼)이여 어찌 그리 하늘에서 떨어졌으며 너 열국을 엎은 자여 어찌 그리 땅에 찍혔는고 네가 네 마음에 이르기를 내가 하늘에 올라 하나님의 뭇 별(천사들을 의미) 위에 내 자리를 높이리라 내가 북극 집회의 산 위에 앉으리라 가장 높은 구름에 올라가 지극히 높은 이(하나님)와 같아지리라 하는도다 그러나 이제 네가 스올 곧 구덩이 맨 밑(무저갱)에 떨어짐을 당하리로다"(사 14:12-15).

또 에스겔 47장에 보면 성전 문지방 밑에서 물이 나오는데 천 척씩 측량할 때에 물이 발목, 무릎, 허리에 이르고 마침내 건너지 못할 강이 되었다는 이 예언은 예수님을 통해서 성취된 유명한 말씀이다. "그중 한 군인이 창으로 옆구리(십자가에 달리신 예수님의 옆구리)를 찌르니 곧 피와 물이 나오더라"(요 19:34)고 했다. 왜 물과 피를 구별하여 언급했는가? 그것은 피는 우리의 대속을 위한 것이요 물은 우리 인류의 영적 갈증을 해소

할 뿐 아니라 풍성케 하기 때문이다.

다음으로 아모스 선지자는 여덟 나라(다메섹, 가자, 두로, 에돔, 암몬, 모압, 유다, 이스라엘)에 대한 심판을 예언한 뒤에 이스라엘에 대한 세 가지 심판(과거와 현재와 미래)을 예언하고 그 후에 여섯 가지 환상을 본다. 그것은 심판에 관한 여러 가지 형태를 예언한 것이다. 아모스는 정의를 선포한 선지자이다. 핵심은 "오직 정의를 물같이, 공의를 마르지 않는 강같이 흐르게 할지어다"(암 5:24)란 말씀이다.

그러면 에스겔서의 목적과 특징은 무엇인가? 목적은 크게 세 가지이다. 첫째로 유다의 멸망은 범죄의 결과임을 알려주고, 둘째로 여호와 하나님은 이스라엘뿐 아니라 전 세계의 하나님이심을 알려주고, 셋째로 포로가 된 이스라엘 백성에게 미래의 소망을 주기 위해서이다. 특징을 보면 1-3장까지는 예언서와 같은 형태로 되어 있으나 4-5장에는 다가오는 심판의 네 가지 징조가 나온다. 6-7장에는 다가오는 심판의 메시지가 나오고, 8-11장에는 다가오는 심판에 관한 환상들이 나오는데 이것이 전형적인 묵시문학에 속한다. 묵시문학과 예언문학을 잘 구별하지 못하여 잘못 해석하는 경우가 많다. 12-24장에는 표적과 비유와 메시지가 나오는데, 부분적으로 예언과 묵시가 혼합되어 나온다. 그러나 그 뒤에 나오는 에스겔 25-48장은 예언문학에 속한다.

대선지서 중 에스겔서는 다니엘서와 함께 묵시문학에 속

하기 때문에 다른 예언서처럼 해석해서는 안 된다. 묵시문학은 특징을 알고 바로 해석하지 않으면 이단이 되거나 은유적 해석에 빠지고 만다. 묵시문학은 BC 200년에서 AD 200년까지 가장 성행한 문학의 한 장르로서, 1974년에 묵시문학이 속한 사해사본(Dead Sea Scrolls)이 발견되어 성경 연구에 큰 도움을 주고 있다. 묵시문학을 한마디로 요약하면 지금은 박해와 부패가 심하지만 메시아가 오심으로 하나님께서 승리하신다는 것을 주제로 하고 있고, 피조물에게 다가온 임박한 구원을 강조한다.

묵시문학의 특징은 몇 가지가 있다.

첫째, 예언문학은 저자의 이름을 밝히고 있으나 묵시문학은 많은 경우 고대에 나오는 유명한 사람의 이름을 사용한다. 다시 말해서 가명을 사용하는 것이 특징이다. 예를 들면 12족장의 유언, 솔로몬의 노래, 모세의 승천기, 이사야의 순교와 승천, 도마의 복음과 같은 것이다.

둘째, 예언문학은 국가나 국민의 생활이 율법에서 떠난 것을 비판하지만 묵시문학은 개인의 신앙을 문제 삼고 있다.

셋째, 발생에도 차이가 있다. 예언문학은 왕국 시대 특히 분열왕국 시대에 주로 나타났지만 묵시문학은 BC 200년에서 AD 200년 사이에 많이 일어났다.

넷째, 묵시문학에는 많은 환상과 꿈, 이원론, 숫자 등이 나온다.

그러나 묵시문학과 예언문학에는 공통점도 있다.

첫째는 하나님의 뜻을 전달한다.

둘째는 박해와 위기 속에서 나왔다는 점이다. 즉 이교도의 침략과 종교적 박해로 인한 위기 속에서 나왔다.

셋째는 목적과 시대 환경과 방향이 유사하다.

다니엘서는 히브리어가 아닌 아람어로 기록된 묵시문학이다. 앞부분(1-6장)에서는 다니엘과 그의 세 친구 이야기가 나오고, 뒷부분(7-12장)에서는 다니엘이 본 환상과 해석이 주를 이루는데 그것이 묵시문학의 장르로 되어 있다.

3 장

바벨론 시대(BC 900-539)

바벨론은 함무라비 시대의 고대(구) 바벨론과 구분하기 위해서 신 바벨론이라고 부른다. '바벨론'이란 말은 바벨 즉 '혼란'이란 뜻에서 나왔다. 바벨론은 함의 손자 니므롯이 건설한 나라로, 시날 평원을 뜻한다(창 10:10; 11:2). 느부갓네살 때에 국력이 가장 강성하여 유다 왕국을 멸망시키고, 백성을 포로로 잡아갔다(왕하 25:8-12). 그때 다니엘과 세 친구도 잡혀갔다.

바벨론 시대에 관한 기록은 예레미야, 예레미야 애가, 다니엘, 에스겔, 하박국, 스바냐, 열왕기하와 역대기하에 나온다. 성경은 바벨론을 예루살렘처럼 역사적, 예언적, 상징적(예표적) 의미로 사용하고 있다. 하나님께서는 북왕국 이스라엘을 심판하는 도구로 앗수르를 사용하신 것처럼 바벨론을 통해 남왕국 유다를 징계하셨다. 바벨론은 BC 539년에 메대인에게 멸망하였지만 선지자들이 말하는 대멸망은 주님이 재림하실 때에 이루어진다. 그것은 이사야 13-14장, 47장, 예레미야 50-51장, 요한계시록 16장 17-19장 5절에 자세히 기록되어 있다. 특별히 요한계시록에 기록된 바벨론의 뜻은 교부 시대부터 논란의 대상이 되어 왔다. 처음에는 음녀를 칭하고 있으나(계 17장) 다른 곳에 보면 사람들로 칭의 되는 많은 물들 위에 있는 것으로 언급되어 있다(계 17:15). 또 바벨론은 붉은 색의 짐승 위에 앉아 있는 것으로 묘사되는데, 그 짐승은 하나님의 어린양에 대적하는 세속의 권세들을 나타낸다. 요한계시록 18장에는 바벨론을 상업적 세력으로 표현하기도 한다.

그러면 여기서 말하는 바벨론은 무엇을 의미하는가? 전통적으로 '악한 세상'으로 해석하고, 때로는 로마로 해석하기도 했다. 그것은 요한계시록 17장 9절 일곱 개의 산에 대한 언급에서 비롯된다. 왜냐하면 일곱 개의 산은 로마의 일곱 개의 산을 의미했기 때문이다. 종교개혁자들은 교황으로 해석하기도 하고, 또 최근에는 변질된 기독교를 뜻한다고 해석하기도 한다.

본래 바벨론은 태양신을 섬겼다. 노아의 증손인 니므롯은 하나님께 반역하고 바벨탑을 건설했다. 바벨탑 붕괴로 흩어진 민족들은 니므롯을 태양신(바알)으로, 그의 아내 세미라미스를 하늘 여신 아스다롯으로, 그들의 아들인 담무스를 부활의 신으로 토착화했다. 이스라엘 백성들은 타락하면서 바벨론의 신들을 섬겼다(삿 2:13; 렘 7:18; 겔 8:14).

성경에 보면 앗수르의 산헤립 왕이 남왕국 유다의 히스기야 왕을 치러 왔다가 하루아침에 18만 5천 명이 죽었다고 기록하고 있다(왕하 19:35). 많은 성경학자들은 이 죽음을 앗수르 군대가 페스트 때문에 갑자기 죽게 된 것이라고 해석한다. 그것은 헤로도토스의 기록에도 나온다. 역사가인 요세프스는 전염병으로 죽었다고 기록했다. 그러나 분명한 것은 하나님께서 천사를 통하여 치셨다고 표현한 점이다(왕하 19:35). 그것이 전염병이든 풍토병이든 무엇이든 간에 하나님의 권능으로 남왕국에 회개할 기회를 주기 위한 것이란 점이다.

그러면 바벨론은 어떻게 망하였는가? 바벨론은 느부갓네살이 43년간 통치할 때 가장 강력했다. 다니엘은 이때를 황금 머리 시대로 묘사했다(단 2:36-38). 느부갓네살은 군소 국가들을 정복하고, 상업을 독점하여 막강한 재정으로 세계 제일의 강대국으로 성장시켰다. 느부갓네살은 수도인 바벨론에 수많은 신전과 제단을 세우고 특별히 이쉬타르(Isthal)를 위한 제단을 180곳에 세웠다. 특히 고대 7대 불가사의 중 하나인 공중정원(수로로 인해 멀리서 그렇게 보이는 것일 뿐 실제로 공중에 떠 있는 정원은 아니다)을 세우기도 했다. 그가 BC 562년에 죽은 후 3명의 후계자들에 의해 7년 동안 유지되었다. 느부갓네살의 아들 에윌므로닥(왕하 25:27)에 의해 계승되었으나 2년 후 BC 560년에 반역으로 살해되고 처남인 네르갈사레셀(렘 39:3)이 4년 동안 통치했다. 그 후 그의 아들 라바시말둑이 왕위에 올랐으나 9개월 만에 음모단에 의해 살해되었다. 그리고는 음모단의 나보니두스(BC 55-539)라는 귀족이 왕위에 올랐고 그 뒤를 이은 아들 벨사살에 의해 끝난다(단 5:1-2). 그때에 나보니두스는 별장에서 죽고 벨사살은 메대 족속인 다리오에게 죽임을 당했다. 바벨론은 다리오의 통치하에 있다가 BC 539년에 일어난 페르시아 고레스 왕에 의해 멸망한다.

4장

메대 바사(페르시아) 시대(BC 538-332)

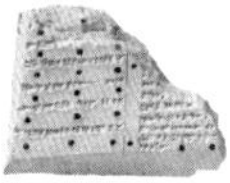

메대(BC 728-550)는 메디아(Media)를 음역한 것이다. 이들은 카스피해 남쪽에 있는, 현재의 이란 고원지대에 살고 있었다. 성경에는 창세기 10장 2절에 "마대"라고 나온다. 그들이 바로 메대이다. 이들은 페르시아보다 먼저 세계 무대에 등장하는데, BC 715년에 사르곤에 점령되어 앗수르의 지배하에 있다가 바벨론에 멸망한다. 바벨론은 구 바벨론과 신 바벨론으로 나누어진다. 구 바벨론은 BC 1830년에 아모리인이 세웠고 약 300년 후, 즉 BC 1531년에 히타이트 제국에 망했다. 그러나 BC 604년에 느부갓네살이 다시 창건하면서 이것을 신 바벨론이라고 부른다. 신 바벨론은 BC 626년에 나보포리사르에 의해서 시작되어 벨사살이 마지막 왕이다. 바벨론이라고 할 때에는 흔히 신 바벨론을 가리킨다.

메대란 말은 옛 명칭인 파르스(Fars)에서 유래했다. 여기서 아케메네스 왕조가 시작되어 메대가 역사의 무대에 우뚝 서게 된다. 바벨론은 다리오 통치하에 있다가 BC 539년에 일어난 페르시아의 고레스 왕에게 멸망하였다. 메대는 페르시아에 멸망했으나 고레스는 부친의 정략결혼을 생각해서 메대를 속국으로 여기지 않고 연합국으로 생각하여 메대 바사 즉 메대와 페르시아라고 불렀다.

페르시아는 BC 6세기 후반에 세워진 제국인데, 방대한 지역을 포함하고 여러 인종으로 구성되었기 때문에 지역마다 사회적 경제적 상태에 큰 차이가 있었다. 페르시아 군대의 군인들은 주로 이란인들이 정착한 지역 사람들이다. 서쪽에 위치한 앗수르(Assyria)는 BC 7세기 말에 몰락한 이래 항상 인구가 적었다. 앗수르는 계속 존재했으나 니느웨는 폐허가 되었다.

가장 오래된 문화 중 하나를 상속받은 이집트는 항상 중앙정부가 통치하고 경제를 주도했다. 페르시아가 통치할 때도 이런 구조는 바뀌지 않았다. 이집트는 백 년 이상 페르시아의 지배를 받다가 BC 405년에 독립하였으나 알렉산더 대왕 등장 직전인 BC 343년에 다시 페르시아에 점령되었다. 페르시아의 조직은 중앙정부와 여러 개의 지방행정기관(총독의 관구) 아래 포함되어 있었는데, 지방행정기관들은 상비군에 의해 강화되었으나 어느 정도 독립을 유지했다.

페르시아(흔히 '메대 바사'라고 표현한다)의 고레스 왕은 그의 외가인 메대 왕국을 멸하고, 바벨론을 점령한 뒤에 칙령을 내려 귀국을 원하는 모든 유대인이 돌아갈 수 있는 관용정책을 폈다. 고레스는 예레미야의 예언대로(렘 51:11) 예루살렘 성전을 건축하라는 칙령을 내렸다(대하 36:22-23)고 기록하고 있다. 선지자 이사야는 고레스를 가리켜 "그의 기름 부음을 받은 고레스"(사 45:1)라고 했다. 여기서 '기름 부음 받은 자'는 그리스도라는 뜻이기도 하다. 이처럼 하나님께서는 때때로 불신자들을 통하여서도 그의 뜻을 이루시는데, 결코 신자들만의 하나님이 아니라 우주를 지배하시는 분이시기 때문이다.

바벨론의 70년간 포로생활은 생각처럼 그렇게 나쁘지 않았다. 더욱이 페르시아의 지배에 들어간 후에 고레스는 유대인을 포로로 삼지 않았고, 유대인 대부분은 바벨론에 남기를 원했다. 그 결과 바벨론은 유대문화의 중심지가 될 수 있었다. 유대인의 귀환은 고레스의 선동 때문이었다. 고레스는 본래 조로아스터교도였기 때문에 영원하며 선한 존재, 곧 만물의 통치자를 믿었다. 그의 종교 정책은 바벨론과는 전혀 달랐다. 그는 그의 권위를 인정한다는 조건으로 피정복민 각자의 종교를 허락하였으며, 지독한 포로 유배와 성전 파괴를 되돌려놓는 것이 자기의 임무라고 믿었다. 영국 대영박물관에는 고레스의 비문이 있는데, 그것을 보면 그가 왜 유대인에게 자유를 주었는지 이유를 알 수가 있다. "나는 고레스 왕이로다. 위대한 신인 마르둑께서 나의 경건한 행위를 기뻐하시니…… 나는 그들의 백성을 모아 그들의 고향으로 인도했으니…… 내가 각 성으로 되돌려 보낸 모든 신들께서 나의 날의 장구함을 위해 날마다 기원하기를 원하노라"(W.D. Davies의 《유대교의 역사》). 그는 바벨론에 있는 모든 유대인에게 "하늘의 주 하나님이 나에게 이 땅에 있는 모든 나라를 주셔서 다스리게 하셨다. 또 유다에 있는 예루살렘에 그의 성전을 지으라고 명하셨다. 이 나라 사람 가운데서 하나님을 섬기는 모든 사람은 유다에 있는 예루살렘으로 올라가서 그곳에 계시는 하나님 곧

주 이스라엘의 하나님의 성전을 지어라"고 말했다고 한다(스 1:1-3).

고레스의 지원과 명령에도 불구하고 BC 538년 여호야김의 아들, 세스바살의 주도로 이루어진 첫 번째 귀환은 실패로 끝났다. 두 번째 귀환은 BC 530년에 스룹바벨의 지도로 이루어졌으며 그것은 성공적이었다. 스룹바벨은 다윗의 자손이라는 권위로 유대 지역의 페르시아 총독으로 임명됨으로써 지도력이 더욱 강화된 것이다. 세 번째 귀환은 BC 458년에 이루어졌으며 그는 유대교의 배타성을 더욱 강화했다. 마지막 귀환은 BC 445년에 느헤미야를 통해서 이루어졌고, 그는 독립된 공동체를 세울 수 있는 권한을 부여받았다.

에스라는 당시 정상급 제사장 출신의 선비로, 제2의 모세라고 할 만큼 율법에 박식한 사람이었다. 얼마 안 있어 페르시아 왕의 술잔을 관리하는 직책을 맡고 있던 느헤미야도 왕의 허락을 받아 자치행정수반 같은 직분을 맡고 돌아온다. 에스라가 유대교의 율법을 재정비했다면, 느헤미야는 도시 재건과 행정 기반을 닦은 사람이다. 에스라는 이민족과 결혼을 금지하고 토라를 정비했다. 에스라와 느헤미야 두 사람은 마치 쌍두마차와 같은 인물이었다.

두 지도자가 돌아온 것은 BC 536년에 고레스 왕이 칙령을 내려 에스라가 예루살렘으로 돌아오게 한 것에서 비롯된다. 다리오 왕 BC 516년에는 성전이 완성된다. 아하수에로 왕은

BC 482년에 에스더를 왕후로 삼는다. 아닥사스다 왕 때에는 BC 458년에 에스라가 귀환하고(스 7장), BC 445년에는 느헤미야가 귀환한다. 오늘날 구약성경은 이때 정경화가 이루어졌다. 정경(Canon)이란 말은 "갈대" 혹은 "곧은 막대기"라는 뜻이며 그 단어는 "규칙, 경계, 표준"의 의미이다. 성경 낭독은 느헤미야 8장부터였다. 다섯 개의 두루마리인 아가는 유월절에, 룻기는 수장절에, 전도서는 장막절에, 에스더는 부림절(Purim)에, 예레미야애가는 예루살렘의 멸망을 기념하는 절기에 낭독되었다. 이 책들은 대중의 인기를 얻게 되어 결국 정경 안에 포함될 수 있었다.

최근 발견된 사해사본을 통해 알게 된 사실은, 성경 필사 과정에서 많은 실수와 본문의 변화가 있었다는 점이다. 그러나 중요한 것은 성경이 수세기를 거치면서 필사 과정에 변화가 있었음에도 불구하고, 전반적으로 정확했다는 점이다. 그동안 남은 사본은 6천 개 정도이다. 현존하는 역본으로는 바티칸에 소장되어 있는 4세기경의 '바티칸사본', 완전하지는 않지만 4세기경의 '시내사본' 그리고 5세기경의 '알렉산드리아사본'이 있다. 우리말 성경에 '고대 사본'이란 말은 주로 이 세 사본을 말한다. 이 사본 중 시내사본과 알렉산드리아사본은 지금 대영박물관에 소장되어 있다. 중요한 역사물인 사해사본은 정말 우연히 발견되었다. 1047년 한 베두인이 쿰란 지역에서 양을 치다가 잃어버린 한 마리를 찾으러 다니던 중,

동굴이 있어 돌을 던졌으니 항아리 깨지는 소리가 들려 안에 들어갔다가 발견한 것이 바로 사해사본이다. 그 후에 고고학자들이 주변 여러 동굴을 통해서 히브리어로 된 성경과 900여 편의 다양한 종교 서적을 발견하였다.

BC 425년에는 말라기와 함께 구약시대가 끝난다.

5 장

헬라(그리스) 시대(BC 332-63)

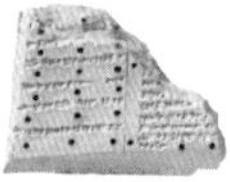

알렉산더는 BC 356년에 마케도니아의 빌립 2세와 올림피아스 사이에 태어났으며 그리스 교육을 받았다. 그의 스승 중에는 철학자 아리스토텔레스도 있었다. BC 336년에 그의 부친이 살해되자 군부는 알렉산더를 마케도니아의 왕으로 선포했다. 전설에 의하면 빌립 왕의 아내, 올림피아스가 아들을 위해서 빌립 왕을 살해했다고 하나 확증은 없다. 알렉산더가 왕이 되고 실시한 첫 번째 조치는 부왕이 시작한 트라키아 정복을 완수하는 것이었다. 그리스인에게 총사령관으로 인정받은 그는 마케도니아 서부와 북부에 있는 야만족을 정복했다. 그는 BC 335년에 그리스의 반란을 진압하였고, 반란의 중심지였던 더베는 완전히 파괴되었다.

알렉산더 대왕이 3만 2천 명의 소수의 군대로 페르시아와 세계를 정복한 후에 인도에서 말라리아에 걸려 새 제국의 수도로 정한 바벨론에서 열병으로 죽자 그의 제국은 네 장군에게 분배되었다. 그가 열병으로 죽은 것은 맞지만 어느 책에서는 그가 술을 좋아하여 목욕한 후에 열병에 걸렸다고 기록하기도 한다. 알렉산더는 32세의 젊은 나이에 요절했지만 그가 기독교에 남긴 업적은 대단히 크다. 그는 세계를 하나로 만들기 위해 마케도니아 군인과 페르시아 여인의 결혼을 장려했고 코이네("공통의", "일반적인"의 뜻) 헬라어를 만들어 장려하여 쉽게 배울 수 있게 했는데, 바로 이 코이네 헬라어로 신약성경이 쓰이게 되었다. 알렉산더 대왕의 철학은 한마디로 '융합', 다른 말로 말하면 '수평적 세계 동포주의'라고 할 수 있다.

70인역(셉투아진트) 번역도 히브리어에서 코이네 헬라어로 번역된 것이다. 그는 코이네 헬라어로 언어를 통일해서 세계를 지배하려고 했지만 하나님의 뜻은 다른 데 있었다. 즉 기독교를 세계적 종교로 만드셨다. 이처럼 하나님의 세계 경영은 오묘하다. 알렉산더 대왕의 세계 동포주의의 꿈은 그의 스승인 아리스토텔레스의 영향이 크다고 볼 수 있다. 그가 이런 꿈을 갖게 된 것은 그의 아버지 빌립 왕이 후계자를 배려한 교육에서 비롯되었으며, 빌립 왕의 암살로 알렉산더는 왕이 되어 페르시아 원정까지 떠맡았다. 그 당시 알렉산더는 아버지가 온 세계를 다 점령하면 자기는 무엇을 해야 하나를 염려했다고 한다. 놀라운 것은 알렉산더의 출현이 다니엘 7장 6절과 8장 3-8절, 21-22절 그리고 11장 3절을 통해서 이미 예언되었다는 점이다.

그러면 빌립 왕은 어떤 사람이었는가? 그는 마케도니아를 든든하게 세우기를 원했던 사람이다. 그러던 중 크레니데스라는 곳에서 금광을 발견하여 엄청난 재산을 확보하였고, 자기의 이름을 따서 그 도시를 빌립보라고 개명하였다. 신약시대에 와서 밝혀진 것은 이 빌립보가 헬라제국의 경제적 동력이 되었고, 이로 인해 유럽 복음화의 출발지가 된 것은 하나님의 놀라운 섭리라고 할 수 있다.

23세의 나이에 왕이 된 알렉산더는 3만 2천 명의 소수의 군대로 원정을 떠났는데 모두가 용병들이었다. 그때 알렉산더는 왕국 대부분의 자금을 용병의 급료로 주었다고 한다. 나중에 왕국에 돈이 떨어지게 되자 그의 신하가 이런 질문을 했다고 한다. "전하의 것으로는 무엇을 남겨 놓으시겠습니까?" 그때 알렉산더는 "희망이요"라고 대답했다고 한다. 그런데 놀라운 것은 용병들이 자기들이 받은 급료를 다시 반납하였다고 한다. 페르시아를 점령하면 더 많은 급료를 받을 것이라는 희망을 가졌기 때문이었다. 두말할 필요도 없이 알렉산더 대왕은 페르시아로 가서 이수스 전투에서 대승을 거두었다. 주변 여러 나라가 항복하였고, 두로만이 버티었으나 그것도 7개월 만에 철저히 응징을 당했다. 아모스 선지자의 예언이 적중한 것이다(암 1:9–10; 사 23:1–3). 이후 두로는 로마에 예속되었고, 수많은 유물이 지금도 발견되면서 1984년에 두로는 세계문화유산으로 등록된다. 그 후 알렉산더는 이집트까지 점령하고 그의 이름을 따서 알렉산드리아라는 도시를 건설했다. 알렉산드리아는 해변에 세워진 아름다운 항구 도시이다. BC 3세기에는 백만 명 가량의 유대인이 이곳에 모여서 살았다. 셉투아진트(70인역으로 된 코이네 헬라어 성경)가 여기서 번역되었다. 필자가 여기서 이집트의 복음주의 목회자 300여 명과 세미나를 하였던 일은 아직도 잊을 수 없다.

알렉산더가 정복 전쟁 중에도 항상 독서를 했다는 것은 유명한 이야기이다. 나폴레옹이 이것을 흉내내어 전쟁 중에 독서한 것도 잘 알려진 사실이다. 알렉산더는 잠잘 때에도 베개 밑에 칼과 《일리아드》를 두고 잤다고 한다. 또 한 번은 이런 일이 있었다고 한다. 알렉산더 대왕에게 아부하기 위해서 어떤 사람이 페르시아 전체에서 요리를 가장 잘하는 요리사를 바치겠다고 했을 때 알렉산더는 정중히 거절하면서 "열심히 최선을 다해 땀 흘려 일하고 난 후에 먹는 음식이 최고의 요리이다"라고 말했다고 한다. 알렉산더 대왕이 갑자기 열병으로 죽자 헬라제국은 분열하게 된다. 하지만 오리엔트 문화와 그리스 문화를 합하여 헬레니즘(Hellenism) 문화가 탄생하였고, 그것이 기독교를 세계적 종교로 만든 것은 참으로 하나님의 오묘한 섭리라고 할 수 있다.

알렉산더 대왕이 죽고 나라를 그의 장군들에게 분할해서 맡겼는데, 특히 중요한 것은 프톨레미(BC 323-198)와 셀루커스(BC 198-164) 장군이 세운 두 왕조이다. 유대인들은 이 두 나라의 지배를 받으며 정치·사회·종교적으로 많은 영향을 받았다. 먼저 프톨레미 왕조가 백여 년 간(BC 323-198) 유대를 지배했다. 이 기간에 알렉산드리아 지역에 살고 있던 백만의 유대인을 위해서 프톨레미 2세에 의해 70인역(정확하게는 72인역으로, 히브리어에서 헬라어로)이 번역되었는데, 중요한 것은 신약성경의 저자들이 이 셉투아진트(Septuagint:LXX)를 대부분 인용했다는 점이다. 이것은 BC 약 250년경에 번역된 것인데 정확하게는

72명(12x6: 열두 지파에서 6명씩의 대표들)이 70일 동안에 번역한 것이다. 그 번역판의 하나를 알렉산드리아 도서관에 보관했다. 유대인은 구약성경을 히브리어 알파벳에 맞추어 22권으로 구분하였으나, 70인역에 와서 선지서를 역사서와 예언서로 세분하여 네 부분으로 나누고 오늘에 이르고 있다.

다음은 셀루커스 왕조이다. 이들은 본래 시리아에 자기들의 왕조를 세웠으나 프톨레미 왕국의 팔레스타인을 빼앗아 시리아 영역으로 만들기 위해 헬라화를 추진하였다. 그것을 위해 안티오커스 에피파네스 4세 때에 예루살렘에 제우스 신상을 들여다 놓고, 할례를 금지할 뿐 아니라 안식일을 없애는 등 종교적 탄압을 강하게 추진했다. 그 결과 마카비(Maccabee) 일족과 24년 동안 끈질기게 전쟁을 계속하다가 마침내 이스라엘은 독립을 쟁취하였다. 그것이 바로 하스모니안 왕조이다. 유대인에게는 300년 만에 찾은 유대인 독립왕국이다.

하스모니안 왕조가 들어서게 된 경우는 다음과 같다. BC 175년경 셀루커스 안티오커스 4세가 성급하게 헬라화를 하는 과정에, 옛 제사장 출신인 마타디아스 하스몬이 우상숭배를 요구하는 셀루커스 왕조의 관리와 우상숭배에 참여하려는 유대인을 살해하는 일이 일어났다. 이를 계기로 마타디아스는 셋째 아들인 유다 마카비와 함께 게릴라 전쟁을 하였고, 마침내 BC 164년 12월에 전쟁에서 승리하여 독립을 얻게 된다. 그래서 성전을 다시 정화하여 여호와께 봉헌하였다. 유대인은 지금까지도 이때를 기념하며 하누카(Hanukkah), 혹은 수전절이라는 명칭으로 절기로 지킨다.

하스모니안 왕조는 115년간 계속되었으나 골육상쟁과 부패와 무질서로 마지막 여왕인 알렉산드라를 제외하고는 바른 정책을 편 사람이 없었다. 알렉산드라 여왕이 9년 만에 죽고 그의 사후에 내란이 일어나 로마가 그 틈을 이용해서 유다를 식민지화했다. 그것이 BC 63년경의 일이다. 계기는 BC 66년 5월에 로마군 기지에 극렬 게릴라들이 급습해서 점령함으로써 전쟁은 점점 더 심해졌고, 로마는 베스파시안 장군의 최정예 군단을 진군시켜 유대인 게릴라 부대를 물리쳤다.

이때 문화적으로 중요한 것은 셀루커스 왕조의 반유대교 정책이 극심할 때에도 끝까지 정결을 지킨 사람들을 "하시딤"(Hasidim: 히브리어의 헤세드란 말에서 유래한 것인데 "경건한 사람"이란 뜻)이라고 하는데, 여기서 바리새파가 나오게 되었다. "바리새"란 말은 "분리하다"(seperated), 즉 헬레니즘과 세속주의에서 분리한다는 뜻이다. 역사가 요세프스에 의하면 이 바리새파는 당시 6천 명 정도였다고 한다.

당시 유대인은 개종은 반대하면서도 그리스 사상을 많이 흡수하였는데, 바리새인이 구전율법을 만들게 된 경위가 바로 이때문이다. 사두개인은 몇몇 부유한 가문, 지도적 제사장 가문으로 이루어진 반면 바리새파는 도시 상인들의 후손으로 경제적으로 대단히 성공한 집단이었다. 이들은 사회적 언어와 종교적 언어를 능숙하게 구사하는 사람들이었다. 예수님을 찾아왔던 니고데모나 바울이 바로 바리새파 출신이었다. 사두개파는 바리새파와는 달리 전통을 거절하고 기록된 율법만을 엄격하게 주장했다. 이들은 구두상의 가르침을 통해 율법서를 만들 수 있다는 바리새파의 견해를 완전히 부인했다. 사두개파는 육체의 부활이나 죽음 후의 심판, 천사와 악마의 존재를 부인했다(막 12:18). 그래서 사두개파에게는 죽음 이후의 문제보다 현재가 더 중요했다.

바리새파와 사두개파 외에 '에세네파'(Essenes)라는 경건, 침묵의 뜻을 가진 새로운 종파가 있었다. 율법에 대해서는 바리새파와 유사했으나 현상 도피적이고 은둔적 입장을 취했다. 처음에는 일단 광야로 나가 후퇴하여 열심을 되찾은 후에 예루살렘으로 돌아오려 했으나 그것이 용이하지 않아 결국 광야에서 끝났다. 물도 풀도 없는 사해의 북쪽 지역, 특히 쿰란(Qumran) 지역에 모여 살았다. AD 1947년에 그들의 거주지 근처 동굴에서 사해사본이라고 부르는 사본들이 발견된다. 그들은 농업 같은 일에 종사했고, 성경을 중심으로 도덕적 종교적 문제들을 공동으로 연구하며, 모든 재산을 공유했고, 노예를 두지 않았으며, 정결예식에 세심한 주의를 기울이며 살았다.

헬라제국은 이집트를 통치하던 프톨레미 왕조의 클레오파트라 여왕을 마지막으로 문을 닫았고, 셀루커스 왕조 또한 밀물처럼 몰려오는 로마에 무너지고 만다.

중요한 것은 주님 출생 전후에 유대교에 중요한 인물이 있었다는 점이다. 그중 하나가 예수님의 스승으로도 일컬어지는 힐렐이다. 힐렐(BC 20-AD 15)은 바벨론에서 출생하여 20세가 되었을 때 예루살렘으로 가서 노동하며 번 돈으로 공부했다고 한다. 번 돈이 다 떨어지고 학교에 낼 등록금이 없어 할 수 없이 굴뚝 구멍으로 들리는 강의를 받았는데 그만 피곤하여 잠이 들었다고 한다. 강의를 듣다가 굴뚝에 귀를 대고 사고 있는 힐렐을 발견하고는 무료로 공부할 수 있게 해 주었고 마침내 가장 위대한 랍비가 되었다. 그중 유명한 것이 그의 은율이다. 힐렐의 은율은 예수님의 황금률과 비교가 된다. 힐렐이 부정적으로 말했다면 예수님은 긍정적으로 말한 것이 다를 뿐이다. 그래서 일부 성경학자들은 예수님이 어려서 힐렐에게 배웠을 것이라고 추측한다.

탈무드에 이런 예화가 나온다. 어떤 이방인이 와서 샴마이에게 자신이 한 발을 들고 있는 동안 모든 율법을 가르친다면 유대교로 개종하겠다고. 성격이 급하고 고집이 센 토목기술자 출신인 샴마이는 가지고 있던 자로 그 이방인을 쫓아버렸다고 한다. 그러나 힐렐은 "당신이 당하고 싶지 않은 일을 남에게 강요하지 말라. 이것이 율법이 전부요 다른 것은 그 주석일 뿐이다. 가서 그것을 연구하라"(What is hateful unto you, do not do unto your neighbor)고 했다고 한다. 후에 힐렐의 손자인 가말리엘은 바울의 스승이 되었다.

힐렐이 예수님의 스승이었는지에 대해서는 견해가 분분하나 확실한 것은 예수님의 황금률은 힐렐의 은율과 유사할 뿐 아니라, 힐렐의 첫 번째 방법과 두 번째 방법은 예수님과 바울도 성경 해석에 사용한 방법이란 점은 어떤 점에서 서로 연관이 있었을 것으로 보인다.

힐렐의 성경 해석은 7가지 원칙(Middot)으로 되어 있다.

첫째, Light and Heavy. 쉬운 것에서 어려운 것을 추리하여 어려운 것으로 해석한다(마태복음 6장 25-33절; 로마서 5장 15절; 신명기 25장 4절-로마서 4장 3-8절).

둘째, Equivalence of Expressions. 동일한 규칙은 논리적으로 타당하다(창세기 15장 6절-로마서 4장 3-8절; 창세기 15장 6절과 시편 32편 1절-로마서 4장 3-8절).

셋째, Building up a "family" from a single text. 비슷한 모든 구절들은 한 가계에 묶일 수 있는 한 성경구절에서 유래한다(히브리서 9장 11-22절-출애굽기 24장 8절; 히브리서 9장 20절-예레미야 31장 31-34절).

넷째, Building up a "family" from two or more texts. (출애굽기 21장 26-27절). 대체될 수 없는 종의 신체 일부를 상하게 했을 때는 놓아주어야 한다.

다섯째, The general and the particular. 일반적인 것으로 특별한 것을 해석하거나 반대로 특별한 것으로 일반적인 것을 해석한다.

여섯째, Analogy made from another passage. 다른 구절에서 유추하여 해석한다(역대상 27장 1절- 사무엘하 24장 9절, 역대상 21장 5절).

일곱째, Explanation obtained from context. 전후 문맥에서 해석하는 원칙을 말한다(로마서 14장 1절).

2세기에 와서 벤 엘리샤는 13개의 법칙으로 확대하였다. 그는 구약에서 613개의 율법=긍정적 율법 248+부정적 율법 365를 찾아냈다.

다음으로 유명한 사람은 벤 자카이(Ben Zakkai, AD 30-90)이다. 그는 힐렐의 수제자로서 로마에 저항하는 열심당을 반대했다. 그는 교육이 검보다 강하다고 믿었다. 그는 폭동(AD 66-73)이 일어났을 때 네로 황제가 보낸 로마의 베스파시안(Vespasian)이 예루살렘을 포위하자 관에 들어가 밖으로 도피한 후에 베스파시안이 머지않아 황제가 될 것을 예언했다. 네로 황제가 68년에 재위에서 쫓겨나 자살하자 베스파시안 장군이 갑자기 황제가 된 후, 아들인 티투스(Titus) 대장에게 벤 자카이의 소원을 들어주도록 했다고 한다. 티투스는 벤 자카이의 세 가지 소원을 들어주었다. 얍니아(Yavne)에 랍비학교(예시바)를 세우게 허락할 것, 가말리엘을 비롯한 학자들을 살려줄 것, 의사를 보내어 40년간 금식한 랍비 사독(Rabbi

Tzadok)을 살려달라는 것이었는데 그 소원을 다 들어주었다고 한다.

당시 사해에서 서쪽으로 4킬로미터 떨어진 434미터 높이의 마사다(Masada: 헤롯이 만든 것)에서 3년간 엘리에셀 벤 야이르의 지도하에 항쟁한 것은 너무도 유명하다. 아람인들은 이곳을 아스 사바(As-Sabba: 저주받은 땅)라고 부르지만 유대인에게는 성지로 불린다. 이곳은 1963년 고고학자인 야빈(Yabin)이 발굴한 곳이다. 당시 로마의 장군은 티투스로서 1만 5천 명의 정병이었고, 이스라엘에는 어린아이들과 여자들을 합하여 960명에 불과했으나 그렇게 오랫동안 항전할 수 있었던 것은 유대인의 신앙심 때문이었다.

당시 벤 야이르는 성에 불을 질러 다 태웠으나 양식만은 남겨 그들이 굶어죽은 것이 아님을 증명케 했다. 12명을 뽑아 죽이게 하였고 그들은 스스로 자살하게 하였다. 여기서 살아남은 사람은 여자 둘과 다섯 명의 아이들뿐이었다. 그것이 1973년 4월 15일이다.

유대인 경전의 하나인 미쉬나의 내용은 제1부는 농사법(Seeds)으로 십일조와 기도와 축복의 내용으로 되어 있고, 제2부는 절기법(Festival)으로 안식일과 절기에 대한 내용으로 되어 있고, 제3부는 결혼법(Women)으로 결혼과 이혼 및 나실인에 대한 내용으로 되어 있다. 제4부는 상해법(Damage)에 대한 것으로 시민법에 관한 내용이다. 제5부는 성물법(Holy Things)

으로 성전과 음식에 관한 규례이다. 끝으로 제6부는 정결법(Purities)으로 정결과 부정에 대한 내용으로 되어 있다.

놀라운 것은 후에 미쉬나에 대한 논쟁, 토론, 설명한 게마라(Gemara)를 합쳐 유명한 탈무드(연구란 뜻, Learning)가 된 것이다. 탈무드는 나라 잃은 유대인의 정신적 지주가 되었다. 유대인은 탈무드의 기원이 모세로부터 온 또 다른 율법이라고 믿는다. 탈무드는 6세기경에 20권, 12000페이지의 분량으로, 10년 동안 2천 명의 학자들이 편찬한 것이다. 첫 페이지와 마지막 페이지는 독자용으로 비워 놓았다. 내용은 율법(Halakah)과 이야기(Haggadah)로 구분된다.

또 유명한 사람으로는 랍비 아키바(Rabbi Akiva: AD 50-135)이다. 그는 탈무드에 나오는 인물 중 가장 존경받는 인물이다. 그는 부잣집의 양치기였는데, 그 집 딸을 사랑해서 둘이서 도망가 결혼하였다. 한번은 그의 아내가 돌을 가리키며 '저 돌도 끝없이 떨어지는 물에 의해 팬다면 지금(40세)이라도 배우면 된다' 는 말에 아이들과 함께 랍비학교에 들어가 13년을 공부하고 마침내 위대한 랍비가 되었다. 그는 이런 말을 했다고 한다. "유대인에게 학문은 물과 같아서 그것을 떠나면 죽기 때문에 무슨 일이 있어도 배워야 한다." 그에게는 많은 일화가 있다. 그는 어떤 어려운 일이 닥쳐도 "하나님이 더 유익하게 해주실 것이다"라고 말하곤 하였다. 한번은 토라와 나귀와 등을 가지고 여행을 떠나 마을 모퉁이에 천막을 치고 잠을 청했다. 그런데 갑자기 바람이 불어 등불이 꺼지자 아키바는 “하나님이 더 유익하게 해주실 것이다”라고 말했다. 얼마 지나자 이번에는 여우가 개를 물어갔다. 그래도 그는 “하나님이 더 유익하게 해주실 것이다”라고 했다. 조금 지나자 사자가 와서 나귀까지 물어갔다. 그래도 그는 “하나님이 더 유익하게 해주실 것이다”라고 했다. 남은 것은 항상 읽는 토라뿐이었다. 그래도 그는 “하나님이 더 유익하게 해주실 것이다”라고 했다.

날이 샌 후에 마을에 들어가 보니 지난밤에 마을 사람들이 온통 몰살을 당한 것이다. 그날 밤에 만약 바람이 불지 않았으면 또 개와 나귀가 죽지 않았으면 그도 강도들에게 발각되어 죽임을 당했을 것이다. 그는 문자 그대로 범사에 감사하면서 데살로니가전서 5장 18절을 실천한 위대한 랍비였다.

그는 AD 135년 바 코바(Bar Kokhba: 많은 유대인은 그를 메시아로 믿었다)의 로마 항전 때(132-136) 참여하였다가 체포되어 죽임을 당한 위대한 영웅이요 랍비로 추앙을 받는다. 그의 위대한 점은 그가 스승인 벤 자카이가 연구한 것을 조직화하여 미쉬나의 기초를 세운 점이다. 그것을 2세기 말에 유다 하나쉬(Judah ha-Nashi)가 편집하여 지금의 미쉬나를 만들었다. 미쉬나는 구전을 편집한 것으로 그 내용은 여섯 부분으로 되어 있다.

6장

로마 시대(BC 63-AD 624)

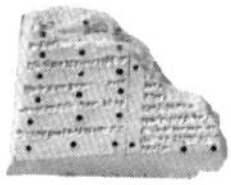

로마는 한마디로 말해 헬레니즘의 상속자이다. 로마가 하나의 독립 도시로 출현하기 수세기 전 천 년경부터 여러 민족이 지중해 서부 지역으로 이주하여 여러 국가를 건설하였다. 페니키아인은 서부 지역에서 가장 중요한 식민지 개척자로, 무역에 관심이 많아 부유한 삶을 살았다.

라틴민족이라고 알려져 있는 인도-유럽어족은 BC 천 년경부터 이탈리아로 이주하여 이탈리아 중심부에 정착했다. 로마인의 조상도 포함되어 있던 이 부족은 서로 연관되는 몇 개의 방언을 사용했는데 이것이 이탈리아어이다.

"로마는 하루아침에 이루어지지 않았다"는 말처럼 여러 곡절이 있었다. BC 8세기에 시작되었으나 그 후 왕정과 공화정을 거치고 카르타고와 3차에 걸친 120년간의 포에니 전쟁을 치르면서 급성장했다. 특히 BC 109년에 태어난 율리우스 카이사르는 새로운 로마를 만들었다. 영어로는 줄리어스 시저라고 불러 우리에게 더 친숙한 이름이다. 신약성경에 "가이사"가 바로 그의 이름이다. 카이사르는 종신 독재로 황제의 길을 열었고 그의 양아들인 옥타비아누스는 실제로 로마의 초대 황제가 된다.

당시 제1차 유대인 반란이 BC 66-63년에 일어났으나 폼페이 장군이 예루살렘을 정복한다(BC 63). 그 후 베스파시안이 그의 장남인 29세의 티투스(Titus)를 통해 예루살렘을 정복(BC 70)

했다. 이때 로마 군대 8만 명을 동원했음에도 불구하고 예루살렘을 점령하는 데 3년을 끌었다고 하니 그 전쟁의 참혹함을 짐작할 수 있다. 그 후 지도자 엘리아자르와 열심당원이 중심이 된 마사다에서 2년간의 항전은 끔찍하게도 960명의 집단자살로 끝난다. 그때가 BC 72년 말이었다.

필자는 이것을 연구하기 위해서 더위 속에서 아내와 함께 마사다에 올라가 그들이 있던 곳을 자세히 살폈다. 지금도 유대인은 장교에 임관할 때 이곳에 가서 서약한다. 마사다는 1963년에 대대적으로 발굴되었는데, 이를 통해 당시 치열했던 상황을 재현할 수 있게 되었다. 당시 로마군대는 실바 장군이 인솔했고, 10군단과 시원군 그리고 수많은 전쟁 포로를 인부로 대동했다고 한다. 로마가 이곳을 함락할 수 있었던 것은 로마의 토목공학 덕이었다. 그런데 이 참혹함 속에서도 여인 둘과 아이 다섯 명이 동굴 속에 숨어 간신히 살아남았다.

마사다 항전 후에도 유대인의 저항은 계속되었다. 그중에서도 134년에 일어난 시메온 바 코크바(Simeon Bar Kokhbar)가 가장 강력했다. 그는 기독교에 적대적이었으며 자신을 메시아로 주장했다. 그의 이름 "코크바"는 별(star)이란 뜻으로 민수기에 보면 여자의 이름이다. 그는 민수기에 예언된 메시아가 바로 자기라고 주장했다. "한 별이 야곱에게서 나오며 한 규가 이스라엘에게서 일어나서 모압을 이쪽에서 저쪽까지 쳐서 무찌르고 또 셋의 자식들을 다 멸하리로다"(민 24:17 하반절).

그러나 AD 135년에 이 반란도 마침내 완전히 진압되었다. 이때 죽은 사람 중 유명한 사람이 미쉬나를 편집한 대학자, 랍비 아키바이다. 본래 그는 화전파였다. 그는 예루살렘의 멸망은 하나님의 뜻이고 로마는 하나님의 도구라고 믿었기 때문에 싸우는 것은 어리석은 행위라고 했다. 그래서 그는 로마의 장군 베스파시안을 만나 그가 장차 로마의 황제가 될 것을 예언하였는데, 그것이 적중하자 베스파시안 황제(AD 69)는 그의 소원대로 팔레스타인의 한적한 곳인 아브네(얌니아: 예루살렘 서쪽에 위치한 해안지대)에 유대민족 문화 연구소 같은 학교를 허락했다. 이것이 훗날 유대인의 교육기관인 예시바(Yeshiva: "앉아 있는"이란 뜻)를 시작하여 미쉬나(구전으로 전하여 오던 것을 문서 표기를 한 것이 미쉬나이다. AD 220년 집대성한 것으로 씨앗, 절기, 여성, 손해, 성물, 정결의 6편으로 됨)와 후에 완성될 탈무드(AD 5세기에 미쉬나를 주석("그마라")한 것을 첨가한 것)와 토라를 연구하는 중심지가 되었다.

미쉬나는 6부로 구성되어 있는데 농업 편, 계절과 제사 편, 여성 편, 민법 편, 의식과 희생 편, 몸을 정결케 하는 의식인 불결과 정결 편으로 되어 있다. 끝으로 미쉬나가 집대성된 후에 모인 판례집이 후에 할라카(Halakhah: "걷는 방법"이란 뜻으로 율법 연구한 것)가 되었고, 자연과학과 전설, 민화, 위인의 이야기, 치세의 가르침 등이 집대성되어 학가다(Haggadah: "이야기 책"이란 뜻으로 율법 이외의 것)가 되고, 이 둘을 합하여 마침내 탈무드(Talmud: "연구", "배움"이란 뜻)가 된 것이다. 탈무드는 두 가지 종류가 있는데 4세기에 완성된 예루살렘 탈무드가 있고, 그보다 한 세기 후에 완성된 바벨론 탈무드가 있다. 우리가 흔히 말하는 탈무드는 바벨론 탈무드이다.

미쉬나를 편집한 아키바는 본래 예루살렘에 살던 부호 카르바 사추아 목장의 양치기 소년으로 주인의 딸인 타게르와 사랑하게 되었다. 이것을 안 주인은 노발대발하여 딸과 의절하고, 가문에서 제명하여 버렸다. 아내와 함께 도망간 아키바는 배운 것이 없었기 때문에 아내와 살기 위해 여기저기서 일거리를 찾아 헤메었다. 한번은 냇물이 흐르는 곳에서 놀라운 것을 발견했다. 큰 바위 위로 물이 흘러 떨어지는데 바위가 움푹 패여 있었던 것이다. 약한 물의 흐름에 의해서도 저렇게 바위가 파이는데 자신도 쉬지 않고 공부를 한다면 자신의 기억에도 학문이 남게 될 것이라고 생각했다. 아내의 동의를 얻고 아들과 함께 학교에 들어가 공부하기 시작했다. 그때 아키바의 나이는 마흔이었다. 그렇게 하여 유대 역사에 영원히 남는 대학자가 된 것이다. 그는 학자가 된 후에 전승을 집대성하여 미쉬나(Mishnah: "가르침"이란 뜻)의 기초를 닦았다. 미쉬나란 유대인 구전율법의 성문집이다. 이 구전율법은 암기되고 반복하여 암송하였기 때문에 미쉬나라고 부른다.

이 무렵 또 다른 유명한 사람은 역사가 요세프스(Flvious Jocophus)이다. 그의 플라비우스란 이름은 그가 로마의 시민권자가 되었을 때 그를 도와준 보호사인 황제 베스피시안의 가문 이름을 따서 지은 이름이다. 그는 처음에 로마에 대항하여 싸우다가 포로가 된 후 투항해서 로마 시민이 되었다. 그는 로마 군단에 몸을 담으면서 《유대인 전쟁사》를 기록하였고, 〈마사다 저항 시〉를 쓴 것으로도 유명하다. 당시 유대인들은 요세프스와 벤 자카이를 민족반역자로 여겼으나, 아이러니하게도 지금 유대인에게 가장 큰 영향을 주고 있는 인물이 바로 이 두 사람이다. 그들은 '칼 대신 펜'을 들어 영원히 남는 역사적 유산을 남겼기 때문이다.

아브네에서 배출한 당시의 수많은 학자들은 주고트(Zugot: 제2성전 시대, BC 515-70년의 유대인 종교 지도자들) 즉 쌍으로 분류되는데, 중요한 다섯 쌍의 학자들이 있었다. 마지막 쌍이 온건파인 힐렐(Hillel)과 강경파인 샴마이(Shammai)였다. 힐렐은 샴마이보다 더 진보적 안목을 가진 학자로서 많은 존경을 받았다. 전해지는 말로는 그는 아주 가난했다고 한다. 하루 종일 일을 해서 한 푼을 벌었는데 반절은 가족의 생활비로, 반절은 회당의 토라 연구회 회비로 납부했다고 한다. 한 푼도 벌지 못한 어느 날 그는 주린 배를 움켜쥐고 토라 연구회로 향했으나 납부할 돈이 없어 회당 건물 안으로 들어갈 수 없었다. 그러나 그는 물러서지 않고 뒷담을 넘어 회당 들창가로 올라가 학자들의 토론을 들었다고 한다. 그날은 금요일이었는데 눈이 많이 와서 몹시 추웠다고 한다. 토론을 하던 학자들이 너무 실내가 어두워 들창을 보니 눈 속에 묻힌 사람이 있었는데 그가 힐렐이었다. 사람들은 힐렐을 안으로 데리고 와서 따뜻하게 보호했고, 그 후로는 회비와 상관없이 회당에 출입할 수 있게 했다고 한다. 그는 위대한 토라 학자가 되었고, 미쉬나의 기본 철학을 세웠으며, 율법 해석의 바탕을 이루었다. 그의 학문을 후에 벤 자카이가 계승하였고, 후에 탈무드 발전에 핵심을 이루었다.

어떤 유대인들은 힐렐이 예수님의 선생이었다고 말한다(폴 존슨, 《유대인의 역사》, vol. I, p.339). 예수님께서 어린 시절 나사렛 회당에서 힐렐에게 배웠을 것이라는 것이다. 그것은 예수님의 교훈이 힐렐과 비교되는 점이 많이 있기 때문이다. 예를 들면 힐렐의 은율(네가 싫은 것은 남에게 하지 말라)과 예수님의 황금률(마 7:12 그러므로 무엇이든지 남에게 대접을 받고자 하는 대로 너희도 남을 대접하라)의 비교에서도 잘 나타난다.

또 재미있는 것은 이 다섯 쌍 외에 여섯 세대 중 첫 번째가 바울의 선생인 가말리엘이다. 그는 힐렐의 손자이기도 하다. 바울은 이렇게 고백한다. "나는…… 가말리엘의 문하에서 우리 조상들의 율법의 엄한 교훈을 받았고"(행 22:3). 사도행전 5장 34절에 보면 가말리엘을 이렇게 표현했다. "바리새인 가말리엘은 율법교사로 모든 백성에게 존경을 받는 자라"고 하면서 기독교에 비교적 온건한 태도를 취했던 것을 볼 수 있다(행 5:35). 유대인의 기록을 보면, 가말리엘은 북부 이탈리아와 중동 지역에 흩어진 유대인을 찾아다니며 토라 연구를 주선

하고 토라 연구를 할 수 있는 회당을 세우며 랍비교육에 헌신했다고 한다. 그의 노력은 다른 랍비인 아키바를 거쳐 유다 하나쉬로 이어진다. 3세기 때 랍비인 하나쉬는 로마 황제 마르쿠스 아우렐리우스와 친분을 나눌 정도로 고위층과 가까웠다고 한다. 하나쉬는 당시 최고 수준의 랍비로서 미쉬나를 집대성하였을 뿐 아니라 더 합리적이고 새로운 흐름으로 해석하고 정리했다.

당시 유대인 지도자의 수칙에는 7가지가 있었다. 첫째, 모든 유대인은 피를 나눈 형제이므로 누구든지 노예로 끌려가면 7년 안에 몸 값을 지불하고 찾아와야 한다. 둘째, 유대교의 분파를 방지하기 위해 기도와 토라 독회를 일률화한다. 셋째, 13세 넘는 아이들이 10명 이상 있는 유대인 거주지에는 반드시 종교 집회를 갖도록 한다. 넷째, 13세 이상의 남자 120명이 있는 거주지에는 유대인 센터를 세우고 토라의 규범을 지키게 한다. 다섯째, 유대인 사회는 독자적인 세금 제도를 만들어 거주 지역의 국가적 재정 부담을 받지 않게 한다. 여섯째, 유대인 사회는 독자적 교육기관을 만들어 유지하고 경영할 의무가 있다. 이렇게 해서 5세기 이후에는 모든 유대인 사회가 자활 규범으로 확고하게 뿌리를 내리게 된다. 놀라운 것은 이처럼 유대인들은 세계 여러 곳으로 흩어졌지만 역경을 통해 오히려 민주 사회를 만들고 오늘날 유대인들을 위대한 민족으로 만든 토대가 된 것이다.

유대인의 마지막 나라였던 하스모니안의 통치를 마감한 것이 BC 63년 헤롯 왕의 아버지인 안티파터였다. 그는 유대를 로마의 예속국으로 넘겼고, 로마로 가서 갈릴리 지방의 총독으로 부임한다. 그 후 안티파터의 아들 헤롯이 등장한다. 헤롯은 친유대적이기도 했고, 반유대적이기도 한 여우 같은 인물이었다. 잔인하기는 했으나 유능한 사람이었다. 그는 BC 40년에 헤롯과 경쟁 상대였던 그의 조카 파르티아의 도움으로 예루살렘을 장악하자 로마로 피신했다가 로마의 도움으로 3만 명의 보병과 6천기의 전차로 된 로마군을 인솔하고 돌아와 강력한 통치자가 되었다. 헤롯은 그의 재위 15년에 어마어마한 규모의 예루살렘 성전 건축을 시작하여 성벽을 쌓았다. 이 성전을 완성하는 데 46년이 소요되었고 AD 70년에 로마에 의해 무너지고 만다. 지금 남아 있는 것은 성벽의 일부가 높이 12미터에 이르고 돌 하나의 길이가 7미터에 이를 정도로 규모가 대단하다. 이 성전은 헤롯이 유대인의 환심을 사려고 지은 것이다.

신약성경에는 여러 명의 헤롯이란 이름이 나오기 때문에 혼동될 때가 많다. 이들은 모두 헤롯 가문의 사람이기 때문에 그렇게 기록한 것이다. 먼저 아기 예수를 죽이려고 했던 사람은 헤롯 대왕이고, 예수님이 이집트에서 돌아오실 때의 헤롯은 헤롯 아켈라오(Herod Archelaus)이다. 헤롯 대왕은 본래 힐카누스의 추종자 중 하나인 안티파터의 아들이다. 안티파터는 총리로서 하스몬가에 의해 강제 개종당한 이두매 가문 출신이다. 그는 반은 유대인이고 반은 헬라주의라고 할 수 있는데, 따라서 그가 로마와 협정을 맺은 것은 우연이 아니었다. 헤롯은 그의 아버지 시대에 이미 갈릴리 총독으로 악명을 날린 사람이다. 그는 종교적 게릴라를 섬멸하는 과정에서 한 지도자를 종교재판에 회부하지 않고, 임의로 처형한 것이 문제가 되어 산헤드린에 소환되었는데 피신하였다가 원로원 앞에서 자신의 처지를 설명할 기회를 얻었다. 원로원은 그를 '동맹국의 왕이자 로마 국민의 친구'라는 직함을 가진 꼭두각시 왕으로 세웠다.

헤롯은 3만 명의 보병과 6천 기의 전차로 구성된 로마군을 앞세워 돌아와서 예루살렘을 재탈환하고 새로운 정권을 세웠다. 그는 역사적 감각을 지닌 인물이었다. 그의 목표는 그의 타고난 재능을 통해 건축 사업을 벌이는 것이었다. 먼저 유대인의 환심을 사기 위해 성전을 짓도록 했다. 이 성전은 솔로몬의 성전과는 비교가 되지 않을 정도로 컸다. 바깥뜰 끝부분에 위치한 솔로몬 성전(30미터 정도)의 거의 두 배가 되는 50미터 정도가 되었다고 한다. 그것도 자신의 재산으로 건축한 것이다. 그는 유대인이 아니기 때문에 성전 안에는 들어갈 수가 없어서 거의 돈을 쓰지 않고, 바깥뜰 주위에 주랑 현관을 세웠고 다리로 상부 도시와 연결했다고 한다. 그는 또 대중의 관심을 끌기 위해서 자선사업을 통해 자신의 이름을 드러냈다. 그는 솔로몬처럼 무역로에 조세를 부과했으며 제조업에도 관여했다. 당시 유대인 인구는 팔레스타인 안에 약 240만 명이 살았는데 그 숫자는 로마 인구의 10퍼센트를 차지하는 숫자였다. 그는 신도시인 가이사랴를 신축했다. 이곳은 인공 항구도시였다. 헤롯은 그곳에 케사르의 거대한 동상을 세웠는데 요세프스에 의하면 고대 세계 7대 불가사의 중 하나라고 한다. 팔레스타인 여러 곳에는 헤롯의 요새와 궁전들이 세워졌다. 예루살렘에 있는 안토니오 성채도 세웠다. 건축물로는 헤로디움(자신의 어머니 이름을 따서), 사해의 동편에 위치한 마케루스, 마사다의 암벽을 깎아 만든 별장 겸 요새가 있는데 특히 마사다 요새는 광야를 배경으로 위용을 뽐내는 곳이다. 헤롯은 마사다 요새에서 거의 살지 않고, 후에 유대인의 로마에 대한 마지막 항전을 할 때 본부가 된 곳이다.

헤롯 대왕이 죽은 후 나라는 삼등분해서 나누었기 때문에 분봉왕이라고 부른다. 맏아들인 잔인한 아켈라오는 AD 6년에 왕위에서 쫓겨났다. 그 후 그가 다스렸던 지역은 로마 황제가 파견한 총독이 관할했다. 그 지역은 헤롯의 손자인 헤롯 아그립바가 로마의 인정을 받아 AD 37년에 통치할 권한을 받았으나 44년에 죽고 로마가 직접 통치하게 되었다. 로마인은 민주적으로 제국을 통치했다. 자신들의 기본적인 이해에 부합하는 한, 그 지역의 종교와 사회, 문화, 심지어 정치 제도까지도 존중했다.

또 예수님께서 "저 여우"라고 했던 헤롯은 빌립의 형인 헤롯 안디파스(Herod Antipas)이다. 그는 동생의 아내 헤로디아를 빼앗아 결혼한 사람이다. 세례 요한은 "당신이 그 여자를 차지한 것이 옳지 않다"(마 14:4)고 책망했다. 헤롯 안티파스는 예수님께서 사역하실 당시 갈릴리와 베뢰아 지방의 분봉(사분의 일 왕이란 뜻으로 한 나라를 나누어 다스리는 왕이란 뜻)이다. 안티파스는 처음에는 나바티안 왕의 공주와 결혼했으나 그의 동생 빌립의 아내인 헤로디아와 결혼하기 위해 이혼했다. 예수님을 심문한 사람이 바로 이 안티파스(안디바)였다. 누가복음에는 "헤롯과 빌라도가 전에는 원수였으나 당일에 서로 친구가 되니라"(눅 23:12)고 기록하고 있다.

또 다른 헤롯은 헤롯 빌립, 헤롯 아그립바 1세, 헤롯 아그립바 2세가 나온다. 헤롯 빌립은 정확하게는 헤롯 빌립 2세이다. 그는 이두매와 드라고닛 지방을 다스렸다고 성경은 말한다. 헤롯 빌립 2세는 로마 황제에게 잘 보이려고 파네이온이란 지역을 재건한 후에 황제와 자기의 이름을 따서 "가이사랴 빌립보"라고 불렀다. 파네이온의 '판(Pan)'은 그리스의 신으로, 염소의 뿔과 염소의 다리를 가진 피리를 부는 반인반신이다. 그래서 목양신(牧羊神)이라고 부른다. 여기서 영어의 Panic(원인불명의 공포)이란 단어가 나왔다.

이곳을 헤롯 대왕이 세운 가이사랴와 구별하기 위해서 가이사랴 빌립보라고 불렀던 것이다. 예수님께서 제자들에게

"사람들이 인자를 누구라 하느냐"고 물으신 곳이 바로 가이사랴 빌립보였다(마 16:13). 헤롯의 아들들 가운데 가장 온순했던 사람이 바로 헤롯 빌립 2세였다. 그는 헤로디아의 딸 살로매와 결혼하였다. 끝으로 헤롯 아그립바 1세는 헤롯 대왕의 손자이다. 그는 어린 시절 로마로 가서 황실에서 자랐기 때문에 로마의 3대 황제가 된 칼리굴라와 친분을 쌓을 기회가 있었다. 그 결과 빌립 2세가 죽었을 때 그 자리를 얻게 되었고, 헤롯 안티파스가 쫓겨났을 때에는 그 땅까지 영토에 편입할 수 있었다. 헤롯 아그립바 1세가 사도행전 12장에 나오는 헤롯으로, 사도 야고보를 처형하였으며, 베드로를 옥에 가두고 초대교회 지도자들을 괴롭힌 사람이다. 결국 그는 벌레에 먹혀 죽었다(행 12:21-23). 아마도 이것은 현대의학적 의미로 암에 걸려 죽었다는 뜻일 것이다.

아그립바 1세가 죽자 그의 아들 아그립바 2세가 17세의 어린 나이에 왕위에 오르게 되었으나 왕의 나이가 너무 어려서 유대는 로마 총독의 관할에 들어가게 한다. 아그립바 2세는 바울이 가이사랴에 억류되어 있었을 때에 베스도 총독과 함께 증언을 들은 사람이다(행 26:24-32). 이처럼 헤롯 가문은 하스몬 왕조와 로마제국 사이에서 절묘한 줄타기를 통해 이두매 즉 에돔족임에도 불구하고 유대의 통치자로 남아 있었다.

당시 팔레스타인 지역은 대부분 유대인들이 로마를 대적자로 본 것 같지는 않다. 다만 소수의 사람들이 깃팀(Kiitim) 즉 로마인과 사이가 좋지 못했고 때때로 폭력적 반기를 들다가 비참한 처벌을 받기도 했다. 그때 네 번의 반란이 일어났다. 로마의 통치에 반대하는 가말라의 유다의 주도로 일어났고, 44년에 헤롯 아그립바가 죽은 후에 또 다른 큰 반란이 테우다스에 의해 일어났다. 이때는 4천여 명의 유대인들이 감람산에 모였다. 또 엄청난 반란은 66년과 135년에 일어났다. 66년에 일어난 반란은 마사다에서 최후의 항전을 한 것으로도 유명하다.

4세기경 아시아의 유목민인 흉노족이 중앙아시아를 휩쓸게 되었을 때 로마는 쇠퇴하고 5세기에 로마는 해체되어 다양한 봉건주의 국가로 변했다. 당시 봉건사회에서는 사농공상의 서열이 뚜렷해서 상인과 공인을 천시했다. 그러나 그 직종이 돈을 다루는 직종이어서 상업을 중심으로 한 유대인이 부유해지는 만드는 계기가 되었다. 많은 나라에서 유대인이 토지를 소유하지 못하도록 규제하였기 때문에 유대인은 주로 무역업, 금융업, 제조업에 종사하여 많은 돈을 모았다. 더욱이 유대인은 아랍과 기독교권 사이를 왕래하며 무역을 독점하기도 했다. 당시 유대인들은 돈을 빌려주고 반드시 이자를 받았으며 세계 최초로 신용거래를 실시하기도 했다. 특히 당시 최대 상업국가인 베니스(베네치아)를 무대로 활동하였다. 셰익스피어의 《베니스의 상인》이 이때를 배경으로 한 작품이다. 《베니스의 상인》을 보면 유대인 샤일록이 얼마나 수전노였는지를 잘 알 수 있다.

주전 주후로 가장 눈여겨보아야 할 인물이 헤롯의 등장이다. 그는 BC 4년 그가 죽기 전에 아기 예수를 제거하려고 베들레헴에 있는 두 살 이하의 모든 사내아이를 죽여 그의 잔인함을 보여주었다. 헤롯은 안티파터의 아들로 하스모니안가에 의해 강제적으로 개종당한 이두매 가문의 출신이다. 그는 반은 유대인이고 반은 헬라주의자라고 할 수 있다. 그는 그의 아버지 시대에 이미 갈릴리의 총독으로 걸출함과 악명을 동시에 날렸다.

당시 헤롯은 하스모니안 당파를 지지했으며 자신도 하스모니안 가문의 미리암네와 결혼함으로써 그 가문의 일원이 되었다. 그는 피를 중시하는 유대인에게 인정을 받기 위해 자신의 신분(에돔족)을 유대인으로 위장하였다. BC 40년에 경쟁 관계에 있던 헤롯의 생질 안티고누스가 예루살렘을 장악하자 예루살렘의 총독 헤롯의 형제인 파사엘이 체포된 후에 감옥에서 자살하는 일이 벌어졌다. 이때 헤롯은 로마로 가까스로 피신하게 되었는데, 그때 그는 원로원 앞에서 자신의 처지를 설명할 기회를 가졌다. 앞에서도 언급한 대로 원로원은 헤롯을 왕으로 임명하여 3만의 보병과 6천 기의 전차로 구성된 로마군을 앞세워 돌아와 예루살렘을 재탈환하게 하였다. 그 후 헤롯은 하스모니안 가문을 몰살시켰다.

헤롯의 성책은 정치와 종교의 분리였다. 그는 디아스포라 유대인을 이용하여 엄격한 유대교의 파괴력을 거세하기 위해 산헤드린의 주도적인 46명을 사형에 처하고 종교 재판만을 하도록 제한하였다. 그는 거대한 건축사업을 벌여 대중의 관심을 사고, 자선사업을 통해 자신에 대한 기억을 영속시키려고 했다. 그뿐 아니라 솔로몬처럼 무역로에 조세를 부과했으며 제조업에 관여하기도 했다.

당시 기록을 보면 세계적으로 유대인의 숫자는 팔레스타인에 약 250만 명이나 되었는데 이것은 로마인의 10퍼센트에 해당하는 큰 숫자이다. 헤롯은 회당, 도서관, 목욕탕 그리고 자선사업단체를 위한 기금을 마련하기도 했다. 그는 해안 망대가 있던 자리에 거대한 신도시 가이사랴를 신축하여 유명한 인공 항구를 만들고, 이곳에 가이사의 거대한 동상을 세웠다. 이 동상은 고대 7대 불가사의의 하나인 올림푸스의 제우스 상에 전혀 뒤떨어지지 않는 굉장한 것이었다고 한다. 헤롯은 팔레스타인 여러 곳에 헤롯의 요새와 궁전을 세우기도 했다. 그의 건축물로는 헤로디움, 여리고 근처의 키프러스(자신의 어머니 이름을 따서), 사해 동편에 위치한 마케루스, 마사다의 암벽을 깎아 만든 별장 겸 요새를 만들었다.

헤롯 대왕의 가장 큰 건축은 솔로몬 성전의 영화를 능가하는 거대한 위용을 지닌 성전 재건이었다. 2년 동안 1만 명의 인부와 감독으로 일할 1천 명의 제사장을 모으고 훈련하였다. 요세프스의 《고대사》와 《유대인 전쟁사》를 보면 솔로몬 성전이 30미터 정도였는데 비해 헤롯 성전은 50미터의 비율로 크게 만들었다고 하니 그 위용을 짐작할 수 있다.

그러나 헤롯의 마지막 꿈인 헤롯 왕국 건설은 결국 결실을 맺지 못했다. 왜냐하면 그의 후계자로 삼은, 첫 번째 아내 도리스에게서 얻는 아들들이 통치력을 갖지 못했기 때문이다. 헤롯은 열 명의 아내를 얻었는데 두 번째가 하스몬가의 공주 마리암네였다. 그는 유대인들의 마음을 얻기 위해서 결혼하여 두 아들, 아리스토불르스와 알렉산더를 얻었다. 그러나 음모에 휘말려 마리암네와 두 아들을 죽였다.

헤롯 대왕의 또 다른 유명한 건축은 마사다(Masada)이다. 천혜의 요새인 마사다를 건축한 것은 유사시에 대비하여 피난하기 위해서였지만 그는 그곳을 사용해 보지도 못하고 죽고 말았다. 그는 세 아들들에게 그의 왕국을 나누어 물려주었다. 성경에 "분봉왕"이란 말이 나오는데 그 뜻은 사분의 일을 통치하는 왕이란 뜻이다.

유대를 물려받은 아켈라우스는 너무 잔인해서 AD 6년에 로마에 의해서 폐위되었고 유대는 로마 황제가 파견한 총독이 통치하게 되었다. 그 후 헤롯의 손자인 아그립바가 로마로부터 인정을 받아 AD 37년에 통치할 수 있는 권한을 받았으니 AD 44년에 죽음으로 끝나고 그 후로는 로마가 직접 통치할 수밖에 없었다.

로마는 율리우스 시저(카이사르)에 의해 황제의 길이 시작되었으나 첫 황제는 아구스도("존엄한 자"란 뜻), 즉 시저의 양아들인 옥타비아누스(BC 29년 1월 16일-14년 8월 19일까지 통치)로부터 계산한다. 시저가 갑자기 암살당하였기 때문이다. 옥타비아누스는 18세의 어린 나이였지만 시저의 유언에 의해 후계자로 지명되었다. 옥타비아누스는 안토니우스와 레피두스와 함께 삼두정치를 하다가 33세에 마침내 평민을 보호하는 호민관 직권이라는 공식 직함으로 로마의 최고 통치자가 되었다. 그는 황제가 된 후에 로마 전체의 인구를 확인하고 싶어서 호적하라는 명을 내리는데(눅 2:1-7), 이것은 우연히 이루어진 것이 아니라 미가의 예언의 성취였다(미 5:2).

로마의 두 번째 황제는 디베료 즉 티베리우스(AD 14년 9월 17일-37년 3월 16일)이다. 옥타비아누스는 자기의 친아들에게 황제의 자리를 넘겨주고 싶었지만 아들이 없었기 때문에 어쩔 수 없이 의붓아들인 디베료에게 그 자리를 넘겨주게 된다. 좀 더 구체적으로 말하면 옥타비아누스는 첫 부인과 이혼한 후 유부녀 리비아를 강제로 빼앗아 결혼하는데, 디베료는 그가 3살 때 리비아가 데려온 자식이다.

옥타비아누스는 디베료에게 후계를 물려주는 대신 디베료가 그의 아내와 이혼하고 과부가 된 자신의 친딸 율리아와 결혼하라는 조건을 내걸었다. 그러나 율리아는 그 후 간통죄에 걸려 유배형을 당하고 디베료는 다시 결혼하지 않았다고 한다.

디베료는 테러블("무서운"이란 뜻) 티베리우스(Terrible Tiberius)란 별명처럼 예수님의 십자가 처형과 사도행전 초기에서 보듯이 잔인한 황제였는데, 그것은 그가 어려서 의붓아버지 밑에서 몹시 외롭게 컸고 또 첫 부인을 잊지 못하는 사랑 때문에 생긴 것이라고 볼 수 있다. 디베료는 황제가 된 후 얼마 되지 않아 카프리 섬에 은둔하면서 문서로만 정치를 하였는데, 의외로 정치를 잘 했다고 알려져 있다. 이때 유대로 파견한 총독이 바로 본디오 빌라도이다. 빌라도는 헤롯이라는 분봉왕과 성전을 장악한 대제사장들과 사두개파와 여기저기서 일어나는 민란 때문에 마음대로 정치할 수 없는 형편이었다. 그러나 그는 노련한 정치가였다. 유월절에 죄수 한 사람을 특별사면, 즉 풀어줌으로써 로마제국에 대한 불만을 조금이라도 해소할 수 있을 것으로 보고 유월절의 전례를 핑계로 예수님을 구해 주려 하였다. 그러나 빌라도는 바리새인이 얼마나 예수님을 시기하고 미워했는지를 잘 몰랐던 것이다. 결국 빌라도는 그의 계획과는 달리 결국 자기 꾀에 자기가 걸려들어 바리새인과 대제사장들의 계획대로 예수님을 십자가 처형을 하게 하였다. 당시 산헤드린 공회에는 사형권이 없었지만 하나님께서는 유월절에 예수님이 십자가에 달리심으로 대속의 섭리를 성취하기 원하셨다. 빌라도는 예수님의 십자가형이 예언의 성취요 율법의 완성이란 것을 전혀 상상도 못했다.

여기서 우리는 왜 유대인들이 도둑인 바라바를 택하였는

지 배경을 이해할 필요가 있다. 바라바의 본 이름은 "예수 바라바"였다. 그것은 후대 사본(9세기경)인 아도스사본과 시리아역과 교부들의 문헌에 보면 예수 바라바라고 기록한 것을 보아 알 수 있다. 그러나 예수라는 이름 때문에 초대교회 때 혼돈을 막기 위해 예수란 이름을 빼고 그냥 바라바로만 기록되었을 것이다. 당시 유대인의 크고 작은 수많은 봉기가 일어났는데 특히 열심당원들이 주를 이루었다. 그들은 이스라엘의 부유층과 로마정부를 대상으로 때때로 살상을 일삼았기 때문에 시카리오이(Sicarioi)라고 부르기도 했다. '매국노 살생'이란 뜻이다. 성경에 보면 마태복음에서는 "유명한 죄수"라고 했고, 요한복음에는 "강도"라고 했는데 이 강도란 표현은 당시 로마인들이 열심당원들을 부를 때에 흔히 사용하였다. 마태가 그를 "유명한 죄수"라고 표현한 것은 그냥 다른 일반 도둑과는 다르다는 뜻이다. 당시 바라바는 유대인에게는 영웅이었다. 심지어 그리스도로 보는 사람들까지도 있었다. 그러나 예수님은 그들이 기대하는 지상의 메시아, 로마로부터 유대를 해방시키고 구원할 메시아가 아니라고 말씀했기 때문에 로마로부터 해방을 원했던 유대인이 바라바를 더 존경했던 것은 당연하다. 게다가 많은 군중이 대제사장과 바리새인에게서 뇌물을 받았기 때문에 군중들이 바라바를 택한 것은 너무도 당연하다.

그러면 바라바는 어떤 인물이었나? 성경에는 그를 단순히 도적으로만 표현하고 있지만 그는 단순한 도적이 아니었다. 소위 열심당원 중에 하나로, 로마로부터 해방되기 위해 싸운 지도적 인물이다. 열심당원들은 로마 사람들을 많이 죽이고 훔쳤기 때문에 그냥 도적이란 말로 표현한 것이다. 따라서 유대인이 예수님보다 바라바를 더 좋아한 것은 그들을 대신해서 로마에 대항하여 싸웠기 때문이다.

로마시대에도 유대인 중 유대로 귀환하지 않고 여기저기 흩어져 살고 있는 사람들이 있었다. 그들은 각자 살던 나라에서 회당을 짓고 주로 장사에 종사하며 살았다. 토요일 즉 안식일이 되면 회당에 모였고 3대 절기인 유월절, 오순절, 장막절에는 예루살렘을 방문하였다. 디아스포라 유대인들은 예루살렘을 방문하여 일년 분의 십일조를 바쳤고 약 한 달간씩 예루살렘에 머물렀는데, 이것은 예루살렘 경제에 큰 도움이 되었다(행 2:5). 이처럼 디아스포라 유대인들은 전 세계에서 모여들어 막대한 기부금과 성전세를 바쳤다. 그런데 디아스포라 유대인뿐 아니라 디아스포라 그리스인도 상업에 많이 종사하였는데 이들은 신도시가 생길 곳을 미리 알아 그곳에 시장을 세워 큰 상권을 형성했다고 한다. 가끔 디아스포라 유대인과 이해관계가 얽혀 마찰이 생기기도 하는데, 이런 때 유리한 쪽은 디아스포라 그리스인이었다. 그것은 그들이 정경유착에 밝기 때문이었다. 로마와는 종교적으로 공통점이 많았고, 게다가 많은 디아스포라 그리스인들이 로마 가정에 가정교사로 있었기 때문에 더욱 강력한 영향을 미쳤다. 다만 율리우스 시저만 유대인을 이해하고 도와주려 했기 때문에 그가 죽었을 때 많은 유대인이 안타까워했다고 한다.

로마의 세 번째 황제는 칼리굴라였다. 그는 AD 37년에서 41년까지 짧은 기간 동안 황제로 있었기 때문에 성경에서 그의 기록을 보기가 어렵다. 그는 짧은 재위 동안에 국가의 재정이 파탄에 이를 만큼 재정을 낭비하였다. 그는 황제의 자리보다 신의 자리에 앉기를 원했기 때문에 자기의 흉상을 많이 만들어 여러 곳에 세워 놓고 숭배를 강요하였다. 특히 유대인이 많이 사는 알렉산드리아에서 더욱 그랬다. 당시 알렉산드리아는 로마 다음 가는 큰 도시였는데 당시 유대인만 100만 명 이상이 거주했다고 한다. 칼리굴라는 자기 동상을 유대인 회당에 놓고 절을 하게 하고 유대인이 이 명령에 순종하지 않자 유대인을 추방하려고 했다. 그때 유대인 철학자 필로(Philo Judaeus, BC 20-AD 50)가 칼리굴라를 설득하는 데 성공했으나 곧 자신의 근위대에 의해 암살되어 이 문제는 그냥 넘어가게 되었다.

로마의 네 번째 황제는 글라우디오였다. 그는 근위대에 의해 황제로 옹립된 사람이다. 글라우디오는 50세가 될 때까지 황제가 될 가능성이 전혀 없고, 단지 역사를 공부하는 역사학자였다. 역사책도 몇 권 집필했다고 한다. 그러나 그는 최선을 다해 제국을 다스린 황제로 꼽힌다. 글라우디오는 옥타비아누스 아내가 전 남편 사이에서 낳은 둘째 아들(디베료)의 동생이 낳은 막내아들이다. 다시 말해 네 번째 황제는 세 번째 황제의 작은 아버지였던 것이다. 그는 황궁으로 가면서 해방된 노예 3명을 비서로 데리고 갔는데, 이들은 기독교인으로서 아주 우수한 사람들이었다고 한다. 이때부터 비서정치가 시작된다. 글라우디오가 한 중요한 것은 35년 만에 유대인 왕에게 다시 통치를 맡긴 일이다. 그가 바로 헤롯 아그립바이다. 아그립바는 어려서 로마에 볼모로 잡혀가서 자란 사람이다. 그는 칼리굴라 황제의 친구였고 글라우디오와도 친분이 두터운 사람이었다. 글라우디오가 행한 또 다른 중요한 일은 로마의 총독과 군단이 머무는 곳을 예루살렘에서 가이사랴로 옮긴 일이다.

글라우디오는 세 번 이혼했는데 네 번째 결혼이 성경과 연관이 있다. 이 결혼은 그의 비서진들이 추진하였는데, 아그리피나 즉 칼리굴라의 동생이자 글라우디오의 조카를 추천하였다. 그녀는 그때 이미 결혼하여 네로라는 아들을 두고 있었다. 아그리피나는 자기를 황후로 추천한 발라스에게 감사하기 위해 그의 동생인 벨릭스를 유대의 총독으로 임명했다. 그가 바로 바울이 2년간 연금되어 있을 때 바울을 자주 만난 벨릭스 총독이다. 글라우디오는 브리스길라와 아굴라 부부를 추방한 사람이기도 하다(행 18:1-3). 글라우디오는 황제에 오른 지 9년째 되던 해에 유대 통치에 새로운 시스템을 실시하였다. 유대를 삼등분하여 삼분의 일은 아그립바 2세가, 또 삼분의 이는 두 명의 로마 총독을 파견하여 다스리게 한 것이다.

그때 로마에서 디아스포라 유대인 사이에 분쟁이 생겨 그들을 로마에서 일시적으로 추방하였다. 브리스길라와 아굴라 부부는 로마에서 가까운 고린도라는 항구도시에 와 있었고 그래서 브리스길라와 아굴라 부부는 바울과 만나게 된다.

예루살렘은 본래 여호수아 시대에도 점령하지 못한 난공불락의 성이었다. 그러나 다윗이 600여 명의 측근을 데리고 점령하여 수도로 삼음으로써 다윗성이 되었고 신약시대까지도 중요성은 줄지 않았다. 로마제국의 입장에서는 예루살렘을 직접 통치하기가 어려웠다. 사도행전에 보면 천부장이 470명의 군대를 동원해 한밤중에 예루살렘에서 100킬로미터나 떨어진 가이사랴로 바울을 이송한 것을 볼 수 있다. 왜냐하면 바울이 로마의 시민권자이기 때문이요, 가이사랴에는 로마의 군단이 주둔하고 있었기 때문이었다.

가이사랴는 어떤 도시인가? 그곳은 헤롯이 세운 신 항구도시이다. 이름을 가이사랴라고 부른 것은 그 도시를 로마황제, 즉 가이사에게 바쳤다는 뜻이다. 아기 예수를 죽이려고 했던 헤롯 대왕이 행한 큰 건축은 예루살렘 성전과 가이사랴 항구도시 건설이라고 할 수 있다. 예루살렘의 성전은 스룹바벨이 바벨론 포로에서 돌아와 지은 작은 성전이었는데, 유대인의 환심을 사려는 정치적 동기에서 46년간의 긴 세월 동안에 확장한 것이다. 그가 그렇게 노력했음에도 불구하고 유대인은 헤롯을 미워했다. 그것은 그가 이두매 자손이란 데도 이유가 있었지만 그의 복잡한 가정생활과 위선적인 태도 때문이다.

요세프스의 기록에 의하면 헤롯은 성전의 웅장함을 나타내기 위해 거대한 축대를 세우고 그 사이에 잡석을 채워서 성전 규모를 두 배로 확장했다고 한다. 또 거대한 바깥뜰 주위에 주랑 현관을 세웠는데 그 규모는 솔로몬 성전을 훨씬 능가하는 것이었다고 한다. 유대인이 아닌 헤롯은 내부에 들어갈 수 없었기 때문에 내부는 장식을 거의 하지 않았으나 외부는 금과 은을 입혀 많은 여행자들이 방문했다고 한다.

성경에 보면 벨릭스 총독은 바울에게서 뇌물을 기대했다. 벨릭스란 이름의 뜻은 '행운아'란 뜻이다. 그는 해방노예 출신이었으나 그의 이름의 뜻처럼 황제의 비서로 들어가 총독까지 된 행운아였다. 바울의 배경을 보면 그는 가말리엘이란 랍비의 수제자였다. 3대 율법학자는 에스라, 힐렐, 가말리엘인데 가말리엘은 힐렐의 손자이기도 하다. 우리는 가말리엘이 당시 산헤드린 공회의 의장이었다는 점에 주목할 필요가 있다. 왜냐하면 바울이 개종하기 전, 다메섹으로 기독교인을 잡으러 갈 때까지만 해도 바울이 백성에게 기대와 권력을 가지고 있었는가를 말해주기 때문이다. 사도행전 5장 34-40절에 보면 가말리엘이 얼마나 존경을 받고 시대의 추이를 바로 파악하고 있었는가를 알 수 있다. 이것은 가정이지만 바울이 만약 그리스도를 만나지 않았다면 바울은 가말리엘 이후에 산헤드린 공회의 의장이 되었을지도 모른다.

바울이 쓴 편지 중 하나인 빌레몬서는 바울이 개인에게 쓴 마지막 서신이다. 오네시모란 노예를 위해 그의 옛 주인인 빌레몬에게 쓴 편지로, 당시 빌레몬은 터키 중서부쪽 브루기아에 있었다. 여기서 우리는 왜 바울이 링컨 대통령처럼 노예해방 같은 선언의 편지를 쓰지 않았는가 의아해할지도 모른다. 그러나 두 가지 면에서 생각해 보아야 한다. 첫째, 당시 로마는 노예가 자유인의 약 반수(대개 45퍼센트로 본다)가 될 정도로 로마제국 유지에 중요한 요소가 되어 있었기 때문에 제국이 흔들리게 되었을 것이다. 스파르타쿠스의 노예전쟁에서 보듯이 당시 노예의 세력은 막강했다. 스파르타쿠스는 BC 72년에 74명의 노예를 끌고 탈출한 뒤에 3000여 명의 숫자로 늘어나 로마 정규군과 3년 동안 전쟁을 할 만한 세력이 되기도 했다. 만약 바울이 노예해방을 부르짖었다면 기독교는 자라기도 전에 로마와 전쟁에서 뿌리째 다 뽑히게 되었을 것은 뻔한 일이다. 둘째, 지금도 세계 여러 곳에 실재하고 있는 현대판 노예제도가 있는 것을 보면, 근본 문제는 제도가 아니라 인간의 욕심과 악한 성품과 죄가 문제인 것이다. 따라서 바울은 빌레몬서에서 제도로서 노예제도를 문제 삼지 않고, 근본적인 것, 인간을 노예 상태로 만드는 마음의 죄를 다루면서 사랑과 용서를 언급하고 있다는 점은 놀라운 일이다.

그 당시의 법은 도망친 노예를 도와주면 엄한 형벌을 가했다. 바울은 그것을 존중하여 그의 믿음의 아들인 빌레몬에게 바울과 오네시모의 관계를 언급하면서 사랑과 용서를 언급하고 있다. "갇힌 중에서 낳은 아들"(10절), "내 심복"(12절), "사랑받는 형제로 둘 자"(16절), "신실하고 사랑을 받는 형제"(골 4:9) 등으로 오네시모에 관한 자신의 애정을 표현한다. 사실 오네시모는 주인인 빌레몬에게서 도망 갔을 뿐 아니라 심지어 주인의 재물까지 가지고 도망간 자이다.

그러면 빌레몬은 어떤 사람이었는가? 그는 골로새교회의 중요한 인물로서 신자를 사랑하고 그것을 행동으로 나타낸 지도자였다(7절). 그는 바울의 전도로 믿게 된 믿음의 아들이다. 솔직히 바울은 오네시모가 남아서 그의 사역을 돕기를 원했지만 당시의 제도를 존중해서 오네시모를 빌레몬에게 보내어 먼저 용서받고, 주의 일을 하기를 바란 것이다. 오네시모가 돌아왔을 때 빌레몬은 그를 종으로서가 아니라 동역자로서 대해 주고 함께 일을 했다. 특히 네로의 핍박이 심하였을 때 감독이던 빌레몬이 순교하고, 그의 뒤를 오네시모에게 맡겼다고 전해 내려온다. 오네시모에 대한 기록은 이그나티우스의 편지에서 순교자로 기록하고 있다는 것이 중요한 역사적 자료가 된다.

로마의 제5대 황제는 네로이다. 그의 이름은 네로 클라우디우스 카이사르 아우구스투스 게르마니쿠스이지만 너무 길어서 그냥 네로라고 부른다. 그는 흔히 미친 사람으로 취급하고 있으나 재위에 있는 14년(54-68년) 동안 많은 건축과 예술을 발전시킨 황제이기도 하다. 그는 16세의 어린 나이에 어머니 아그리피나의 덕택으로 황제가 되었다. 네로의 어머니는 전 남편에게서 낳은 네로를 데리고 삼촌인 글라우디오에게 시집가서 자식들과 함께 남편을 암살하고 네로를 황제로 세운 여자이다. 아그리피나는 네로가 하는 일에 사사건건 간섭을 했고, 마침내 네로가 보낸 자객에 의해 죽임을 당한다. 네로는 수많은 기독교인을 학살한 것으로 악명이 높은 황제가 되었다. 네로는 가수가 되어 그리스에 가서 노래를 불렀다. 바로 이때 로마에 큰 화재가 일어나서 큰 피해를 주었다. 네로는 화재의 원인을 기독교인에게 돌려 방화범으로 규정하고 잔인하게 기독교를 탄압했다. 당시 기록을 보면 이삼백 명을 죽였는데 문제는 너무 잔인하게 죽였다는 점이다. 야수의 모피를 뒤집어쓰게 하고 개에 물려 찢겨 죽게 하기도 하고, 십자가형에 혹은 불에 태워서 죽임으로 악명의 사람이 되었다.

당시 노예들은 대부분 채석장에 끌려가 중노동을 하였는데 사도 요한도 이런 밧모 섬의 채석장에 끌려갔고 거기서 요한계시록을 기록하였다. 바울을 죽게 하고, 사도 요한을 밧모 섬으로 보낸 황제는 도미시안 황제이다. 그런데 네로와 도미시안 황제는 '기록말살형'에 처해졌기 때문에 그들의 자세한 기록을 찾아볼 수 없고 다만 이곳저곳에서 단편적으로 볼 수 있을 뿐이다.

네로가 퇴위된 후 자살하자 갑자기 베스파시안 장군이 황제가 되었다. 이때 일어난 일은 앞에서 언급했기 때문에 여기서는 생략한다.

아무튼 AD 64년부터 313년까지 249년 동안 기독교에 대한 처참한 박해는 콘스탄틴 대제 때에 막을 내린다. 비공식 기록에 의하면 그때 순교한 기독교인의 숫자는 5천만 명에 이른다고 한다.

콘스탄티누스 1세(272년 2월 27일 337년 5월 22일)는 312년에 기독교로 개종했고, 다음 해 313년에 기독교를 공인한다. 그것이 유명한 밀라노 칙령이며 콘스탄티누스 대제의 첫 번째 공헌이다. 그는 교회의 모든 재산을 돌려주고 국가가 보상하게 했다. 그뿐 아니라 사제들의 모든 세를 감면해 주었다. 둘째로 325년에 제1차 니케아 공회를 소집하여 기독론에 대한 결론을 내렸다. 즉 예수님은 하나님과 동일하다는 삼위일체 교리를 확인했다. 다시 말해서 예수님은 하나님과 같은 본질 즉 호모우시오스(Homoousios: 동일 본질)가 결정된 것이다. 반대로 아리우스파에서는 호모이우시오스(Homoiousios: 유사 본질)를 주장했으나 패하고 추방되었다. 그 후 381년 콘스탄티노플에서 열린 공회의에서는 성령론에 대한 논쟁에서 필리오케(Filioque: '그리고 아들로부터'란 뜻으로 성령의 출처에 대해 아버지와 아들에게서 나오셨다는 신조) 교리를 동방교회는 거절하여 분리가 되었다.

셋째로 베드로 성당을 세운 점이다. 넷째로 콘스탄티누스 1세가 50권의 성경을 양피지에 기록하여 제작하도록 한 것은 오늘의 성경을 있게 한 가장 큰 업적이다. 흔히 말하는 고대사본인 시내사본이나 바티칸사본 등이 이에 속한다고 학자들은 믿고 있다.

7장

비잔틴 시대(AD 324-640)

콘스탄틴 대왕이 기독교를 AD 323년에 공인하고 성경을 사본했을 뿐 아니라 많은 큰 기념교회들을 세웠다. 유명한 교회로는 성묘교회, 베들레헴의 예수 탄생교회, 승천 교회 등이 있으며, 성지순례가 유행하기 시작하였다. 다음 해에 콘스탄틴 대왕은 수도를 로마에서 비잔티움(콘스탄티노플)으로 옮기면서 비잔틴 시대가 시작된다. 이때부터 1453년 3월 29일 오스만 투르크에게 멸망할 때까지 약 1000년간을 비잔틴 시대라고 부른다.

비잔틴 시대는 수많은 종교적 분쟁이 심하였다. 611년 페르시아의 팔레스타인 공격이 첫 번째 침략이었다. 그들은 20일 동안 예루살렘을 공격하고 포위한 끝에 3년 동안 지배하게 되었다. 이 배후에는 유대인이 페르시아인을 도운 것 때문에 기독교인이 유대인을 미워하는 계기가 되었다. 그러나 헤라클라우스 황제는 629년에 예루살렘을 재탈환하였다. 636년에 마호메트가 메카를 정복하고 야르묵 전투에서 비잔틴 제국에 결정적 패배를 안겨줌으로써 4년간 팔레스타인의 대부분을 장악하게 되었다.

본래 이슬람도 기독교처럼 처음에는 유대교 내의 이질적 운동으로 시작되었으나 결국 분리되어 전혀 다른 종교가 되었다. 그 후 이슬람교의 역동성과 특징을 바탕으로 급속하게 발전하게 된다.

8 장

초기 아랍 시대(AD 640–1099)

무함마드가 창설한 이슬람교(모슬렘교)는 페르시아와 비잔틴 제국을 정복하여 갔다. 예루살렘에 있는 오마르(Omar: 무함마드의 후계자) 사원이 세워져 메카(Mecca), 메디나(Medina)와 함께 모슬렘의 3대 성지가 되었다. 이때 비잔틴 시대에 세워진 많은 교회가 파괴되었다. 이것이 후에 성전 탈환의 구실인 십자군 전쟁의 불씨가 된다.

그러면 이슬람 세계의 유대인은 어떻게 살았는가? 중세 초 모슬렘이 지배하던 스페인과 북부 아프리카에서 유대인의 상황은 비교적 원만했다. 그러나 유대인이 무함마드를 선지자로 인정하지 않자 성전(聖戰:Jihad)이라는 원칙을 유대인에게 적용했다. 이슬람의 원칙을 이해하지 않고는 이슬람교를 이해하지 못한다. 그들은 세상을 두 영역으로 나누었다. 법이 다스리는 이슬람의 평화로운 영역과 일시적으로 비이슬람 교도의 통제를 받는 전쟁의 영역으로 나누고, 그들이 이슬람에 복종할 때까지 지하드(聖戰)를 계속해야 한다고 보았다.

이슬람교의 교리는 아주 단순하다. 다섯 가지 기둥이라고 해서 첫째 신앙고백(샤하다)으로 "알라 이외에는 다른 신은 없다"고 고백하고, 둘째는 기도(살라트)를 매일 5번씩 해야 하고, 셋째는 단식(사움)이라고 해서 라마단(아랍인들의 달력으로 9월) 한 달 동안 일출에서 일몰 때까지 기도한다. 넷째는 자선(자카트)인데 상공업에 종사하는 부자들은 재산의 2.5퍼센트, 농민은

10-20퍼센트를 가난한 자들에게 분배한다. 마지막 다섯 째는 순례(하즈)인데 마카주의 주도(메카), 메디나, 예루살렘의 성지를 일생에 한 번은 순례하도록 교리화했다. 바로 이 단순성에서 강한 힘이 생긴다.

무함마드는 이교도에게서 수확한 생산량의 절반을 받았고 이들에게 디미(Dhimmi)라고 하여 복종하는 이들에게 생명과 종교를 갖게 했다. 그들이 거두어들이는 세금은 토지세, 인두세, 상업세, 여행세 등이 있다. 이것은 통치자들이 임의로 정하는 것이었다. 하지만 디미의 위치는 항상 불안정했다. 당시 아랍세계에서 유대인은 주로 무역업에 종사했다. 비단과 향료, 희귀한 물선을 수입하였고 서양으로부터는 이방인 노예들(대부분 전쟁포로들)을 수입해서 팔았다. 중국을 상대로도 무역을 했다. 8-11세기에는 스페인이 가장 성공적인 유대인의 정착지였다. 이처럼 당시에는 무역이 비중이 높은 직업이었다. 특히 바그다드의 유대인들은 은행가로 모슬렘 왕실에 봉사했다. 그들은 유대인 무역업자들로부터 많은 돈을 맡아주고 그 일부를 모슬렘 왕실에 대출해 주었다. 말하자면 은행이란 개념을 최초로 도입한 사람들이 유대인이다. 오늘날도 뉴욕을 중심으로 은행 활동에 많은 사람이 종사할 뿐 아니라 큰 영향을 미치는 것은 유대인의 전통이다.

이때 마이모니데스(1135-1204)가 가장 영향력 있는 유대인이었다. 그는 소위 교권통치(Cathedocrat)의 원형이자 가장 위대한 인물이었다. 그는 스페인 코르도바의 가문에서 태어났다. 23세부터 10년간 연구하여 미쉬나의 주석 책을 쓰기도 했다. 그는 중세 유대인 중 가장 많은 저서를 남긴 사람이다. 그의 유명한 책은 《의학 원리집》과 《방황하는 사람들을 위한 안내서》이다. 그는 창조 이전부터 토라가 존재했다고 주장했다.

바벨론에서 지도자는 다윗 가문 출신이어야 했으나 대학과 예시바(랍비학교: Yeshiva)에서는 유명한 학자 가문에서 인물들을 택했다. 중세 초기 대학들은 "대 산헤드린"(Grand Sanhedrin)이라고 불렀다. 그중에서도 마이모니데스는 대표적 인물이다 그는 어린 시절부터 뛰어난 재능을 가진 사람이었다. 16세 때에 《논리에 관한 소고(Treatise on Logic)》를 썼고, 또 1158년에는 《역법에 관한 소고(Treatise on the Calendar)》를 썼다. 그가 22세 때에는 주요 저작인 미쉬나 주석(Commentary on the Mishna)을 집필하기 시작해서 1168년 푸스타트에서 완성했다. 이것은 기독교의 신학자들이 쓴 《백과사전》에 필적할 만한 것이다. 그 후에는 14권으로 된 탈무드 율법인 《미쉬네 토레(Mishneh Torah)》를 성문화하는 중요한 작업에 착수했는데, 이 작업은 10년 세월이 걸려 1180년에 완공했다. 그는 동생인 다윗이 죽음으로 의학까지 공부해서 비유대인계에도 그의 명성이 자자했다고 한다. 중세 합리주의자였던 마이모니데스는 1204년 70세의 나이로 죽을 때까지 술탄(권위, 권력이란 뜻으로 왕을 뜻한다)인 살라딘과 그의 아들의 의사로서 또는 재판관으로서 그리고 신학자로서 임무를 감당했다. 마이모니데스는 필로 시대와 현대사를 잇는 중간에 서 있던 인물이란 점에서 중요한 의미가 있다. 그는 이슬람교의 종교적 핍박을 참으면서 성공한 사람으로, "나를 모욕할 때조차 그것에 신경 쓰지 않고 부드러운 말로 정중하게 대답하거나 침묵을 지켰다"고 했다. 그는 선한 사회란 율법에 의해서 만들어지는 사회라고 했다. 그는 엄청난 저술을 한 아주 활동적인 인물로 중세 유대인 중 가장 위대한 인물로 꼽힐 정도이다. 그가 죽은 후에 티베리아에 있는 그의 무덤은 유대인의 주요 순례지가 될 정도이다.

9장

십자군 시대(AD 1099-1291)

십자군 전쟁은 11세기부터 거의 200년에 걸쳐 서유럽 세계와 이슬람 세계가 정면으로 충돌한 전쟁이다. 이 전쟁은 유럽인들의 자신감 때문에 일어났다고 할 수 있다. 전에는 서유럽이 주변 아프리카나 서아시아, 중앙아시아에 비해 후진국이었다. 5세기는 게르만의 침입으로 서로마가 망하고, 9세기 이후에는 이슬람 제국의 침입으로 지중해와 남부 유럽을 잃었다. 북쪽은 노르만족의 침입으로 홍역을 치르기도 하였으며, 동으로는 흉노족을 비롯한 여러 종족 때문에 전혀 힘을 쓰지 못했다. 거기다 중심을 잡아주어야 할 프랑크 왕국은 분열되고 서유럽의 왕들은 교황의 지배를 받았다. 그러다가 10세기가 되면서 신성로마제국이 황제권을 회복하고 11세기에는 교회의 지원을 받아 남부 이슬람 세력을 물리치면서 자신감을 갖게 되었다. 특별히 서유럽 가톨릭 국가들이 중동 이슬람 국가에 대항하여 성지 탈환을 목적으로 대규모 원정을 한 것이 바로 십자군 전쟁이다.

당시 이슬람에서는 셀주크 투르크계 민족이 강성하여 바그다드와 서아시아를 점령하고, 이슬람교의 성지인 예루살렘을 장악하여 그리스도인의 성지순례를 박해하고 있었다. 또 비잔틴 제국을 위협하여 비잔틴의 중심지인 콘스탄티노플을 이슬람권으로 만들려고 하자, 비잔틴의 교황 알렉시우스 1세는 서유럽 교황에게 도움을 요청했다. 당시 서유럽의 교황 우르반 2세는 클레르몽 공의회를 소집하여 계획 중이던 십자군 원정을 본격적으로 진행하게 된 것이다. 사실 십자군 원정은 오래 전부터 교황 세력의 프로젝트였다. 이 프로젝트는 이슬람권이 장악하고 있는 성지와 로마 시대 대교구를 탈환하는 데 목적이 있었다. 그러나 이것은 인간의 교만이 만든 실패작이다. 그래서 2001년 교황 요한 바오로 2세는 그리스를 방문하였을 때 과거 십자군에 의한 침략과 학살, 약탈에 대해 사과하였다.

제1차 십자군 전쟁(1096–1099)은 당시 이슬람 세계가 일치단결하지 못하고 분열되어 십자군의 공격에 제대로 대응하지 못하였고, 십자군의 승리로 끝났다. 그러나 인원과 장군이 모자란 십자군은 앞으로 있게 될 이슬람 국가의 공격을 막아낼 수 없는 형편이었다. 제2차 십자군 원정(1147–1149)에는 많은 참여자가 있었지만 전체적인 통제가 잘 안 되어 패배하고, 1187년에는 이슬람 세계의 영웅 살라딘에 의해 성지 예루살렘이 점령당하고 만 것이다. 그러자 그레고리 8세는 십자군을 소집하고 이에 응한 잉글랜드의 사자 왕 리처드 1세와 프랑스의 필립 2세, 신성로마제국의 프리드리히 1세가 참여하였으나 실제로는 리처드 왕의 십자군이었다. 리처드 왕은 예루살렘을 뺏는다 해도 또 빼앗길 것을 알고 휴전협정을 통해 기독교인의 예루살렘 순례를 제한하지 않는 것으로 매듭지었다. 이것이 제3차 십자군 전쟁(1189–1192)이다. 제4차 십자군 전쟁(1202-1204)은 교황 인노첸시오 3세의 요청에 의하여 시작되었다. 이번에는 예루살렘이 아닌 이슬람교 본거지인 이집트 공략에 목표를 두었다. 그런데 지중해를 건너는 데 필요한 수송문제와 자금 문제 해결을 위해 같은 기독교 국가인 헝가리 왕국을 공격하여 베네치아는 로마 교황청으로부터 파문을 당하였다. 그럼에도 불구하고 베네치아는 헝가리를 공략하고 다음에는 비잔틴 제국의 수도인 콘스탄티노플을 점령하고 플랑드르 백작인 보두앵이 새 황제가 되어 라틴 제국을 건국하게 된다.

제5차 십자군 원정(1217-1221)은 아프레 왕국(예루살렘 왕국이 후신)인 장드 브리엔느가 이슬람교 본거지인 이집트를 공격한 것인데 실패하고 말았다. 제6차 십자군 원정(1228-1229)이 계속되었다. 교황 그레고리오 9세는 십자군 파병을 조건으로 신성로마제국의 황제로 임명된 프리드리히 2세를 여러 번 재촉하였으나 이행하지 않자 파문하였다. 1228년에 프리드리히 2세는 파문된 채로 십자군을 일으켰다. 당시 이집트는 내란으로 골치를 앓고 있었는데 프리드리히는 교묘한 외교를 통해 예루살렘 통치권을 이양받았다. 제7차 십자군 원정(1248-1254)은 1244년에 예루살렘이 이슬람 측의 공격으로 함락되고 2000여 명의 그리스인들이 학살되자 1248년 오랫동안 십자군 원정을 준비한 프랑스의 루이스가 원정하여 이듬해에 정복했다. 그러나 살라딘 2세의 완강한 저항에 부딪혀 패하고 자신도 포로가 되어 막대한 배상금을 지불하고 석방되었다. 루이는 1254년까지 이집트에 머물면서 몽골과 동맹을 모색했지만 실패하고 말았다. 제8차 십자군 원정(1270)은 프랑스의 루이 9세가 시작하여 이집트를 공격했으나 별다른 전과를 거두지 못하고 말았다.

십자군 전쟁에서 간과하지 말아야 할 것은 여섯 차례에 걸친 유대인 학살이다. 예루살렘을 되찾으려는 전쟁에서 이슬람교도 살해는 어쩔 수 없는 것이라고 해도 중요한 것은 원정 도중에 자행된 유대인 학살이다. 예를 들면 제1차 십자군 전쟁에서 부려 4만여 명의 유대인이 무차별하게 살해되었다. 보급물자의 현지 조달로 유대인 거주지가 약탈의 첫 대상이 되었고, 복종하지 않는 기색이 보이면 죽이고 집은 불 태워 버렸던 것이다.

왜 유대인들은 이처럼 미움을 받은 것인가? 따지고 보면 323년에 기독교가 공인된 후부터 적어도 16세기까지 유럽에서 유대인은 악마와 동일시되었다. 왜냐하면 유대인은 예수를 팔아 씻을 수 없는 죄를 지은 저주받은 민족이라고 생각했기 때문이다. 종교개혁 시기에 유대인에 대한 위상이 크게 향상되기는 했지만 반 유대 감정은 뿌리가 너무나 깊었다. 심지어 종교개혁주의가인 루터는 그의 《악마론》 서문에서 "악마를 제외하고 가장 흉측하고 광포한 우리의 적은 유대인이다"라고 서슴치 않고 단정했다. 1517년 루터의 종교개혁으로부터 《예수는 유대인이다》라는 소책자를 발간했다. 유대인을 개종시키려 했지만 유대인이 자기 뜻처럼 기독교로 개종하지 않자 루터는 "유대인은 가장 혹독한 벌을 받아 마땅하다. 그들의 회당과 집은 무너뜨려 집시처럼 텐트 생활을 하도록 내어 쫓아야 한다. 종교서적을 갖지 못하게 하고 랍비들은 율법을 가르치지 못하게 해야 한다. 직업도 가지지 못하게 하고 가장 힘든 일과 지저분한 일만 시켜야 한다. 돈 많은 유대인의 재산을 빼앗아 개종하는 유대인을 돕도록 해야 한다. 이런 조치들이 효과를 거두지 못할 경우 그들은 쫓아내야 한다"고 유대인을 비난하기도 했다. 물론 루터는 그의 말년에 유대인에 대한 자신의 편견을 돌이켰지만 나치정권 때 독일의 히틀러가 홀로코스트(Holocaust), 즉 유대인을 600만 명이나 학살한 것에 루터의 영향이 전혀 없었다고 할 수는 없을 것이다.

아무튼 십자군 운동은 제1차 십자군 전쟁을 제외하고는 이렇다 할 성공도 거두지 못하고 쇠퇴하였다. 왜 십자군 전쟁이 실패하고 말았는가? 원인은 첫째는 이슬람권의 결집이요, 둘째는 십자군의 와해와 내부 분쟁이며, 셋째는 무지와 광신, 편협성으로 결국 거창하게 시작한 십자군 전쟁이 초라하게 종말을 고한 것이다. 그뿐 아니라 십자군이 유럽대륙을 횡단하면서 흑사병을 무섭게 퍼뜨리는 원인이 되기도 했다. 그 결과 유럽 인구의 약 삼분의 일인 2000만 명이 죽었다. 또 원정 중이던 십자군 병사의 상당수가 싸움에 앞서 병들어 죽거나 영양실조로 허덕이다 죽었다는 것은 십자군 전쟁이 하나님의 뜻이 아니고 인간의 욕심 때문임을 잘 말해준다. 십자군 원정이 성지 탈환에는 성공하지 못했으나 유럽과 중동의 역사와 문화에는 직간접으로 지대한 영향을 주었다. 중요한 것은 십자군 원정의 실패로 교황청은 쇠퇴하게 되었고, 서방교회와 동방교회에는 깊은 골이 생겼으며, 1000년 동안 유대인 대학살의 시초가 되었다.

가장 먼저 조직적으로 유대인을 추방한 나라는 영국이다. 유대인이 영국에 정착한 것은 11세기 초로 알려져 있다. 당시 유대인은 상인과 공인으로 활약했고 따라서 비교적 풍족하게 살았으며, 왕이나 지방 영주들의 돈줄이었다. 그러나 부채와 이자가 쌓이면서 유대인에게 세금을 배가시키고 트집을 잡아 거주권을 빼앗기도 하고, 수전노와 고리대금업자로 취급하였다. 또 영국의 한 소년이 구정물 구덩이에 빠져 죽은 것을 유대인이 잡아 피를 마셨다는 거짓 소문을 퍼뜨려 이것을 사실로 믿고 분노한 군중이 유대인 19명을 잡아 매달아 죽이는 일도 있었다. 특별히 유월절에 유대인이 기독교인의 피를 포도주에 섞어 마신다는 소문까지 번져나가 마침내 에드워드 왕의 치세 때 대대적인 유대인 추방운동이 일어났다. 그때 유대인 중 대부분이 프랑스로 건너갔고, 프랑스에서도 영국에서와 비슷한 일이 생기면서 유대인은 다시 독일로 건너갔다. 스페인으로도 건너갔지만 역시 마찬가지였다. 유대인들의 기독교 개종이 강요되면서 스페인에서만 50만여 명의 유대인 중 약 60퍼센트인 30만여 명을 단기간에 개종시키기도 했다. 개종을 거부한 유대인은 포르투갈, 북아프리카와 터키 등으로 옮겨갔다. 포르투갈로 간 유대인은 거기서도 쫓겨나 남미로 갔고, 일부는 북미대륙으로 갔다. 이것이 미국의 첫 번째 유대인 그룹이다. 지금 유대인이 가장 많이 살고 있는 나라가 640만여 명이 살고 있는 미국이다. 본토인 이스라엘보다 100만여 명이나 더 살고 있는 셈이니 하나님의 섭리는 참 오묘하다. 미국이 유대인의 발판이 됨으로써 유대인 인재들이 미국으로 모여들었고 미국이 세계 최강의 나라가 된 것이다. 가장 잘 알려진 것이 독일 태생의 아인슈타인이 미국으로 건너가 제2차 세계대전을 이길 수 있었던 것이다.

처음부터 유대인이 미국에서 환영을 받은 것은 아니다. 러시아를 비롯한 여러 나라에서 200만 명 이상이 미국에 와서 번영의 길을 걸었지만 1820년만 해도 4천 명에 지나지 않았고 그것도 13개 주 중 7개 주만 승인했다. 1840년에는 1만 5천 명의 유대인이 있었고, 남북전쟁 직전에는 15만 명이 있었다고 한다. 남북전쟁이 발발하자 뉴욕에는 필라델피아 다음으로 규모가 큰 4만 명의 유대인 사회가 들어섰다.

미국에서 일어난 흥미로운 사건은 최초 유대인 외교관인 M. 노아 사건이다. 1815년에 미국 대통령 제임스 먼로는 노아(Noah)를 미국 영사직에서 해임하였는데, 그 이유는 "당신이

신봉하는 종교는 영사직을 수행하는 데 장애가 되기 때문"이라는 것이었다. 노아는 이런 모욕에 굴하지 않고, 소책자를 통해 자신의 부당함을 알리기 시작해서 유대인의 영웅이 되었다, 남북전쟁은 많은 유대인 은행가들, 하청업자들, 의류 제조업자들에게 경제적 기반을 마련해 주었고 이로 말미암아 1860년대부터 유대인은 미국, 그중에서도 뉴욕에서 하나의 큰 세력으로 성장할 수 있었다. 1873년에는 히브리 회중연합이 창립되었고, 2년 후에는 히브리 유니온 대학이 설립되었다. 1889년에는 미국 랍비 중앙협의회가 창립되었다. 1904년부터는 연평균 7만 6천 명의 유대인이 미국으로 이민 왔다. 이때 들어온 2백만 명은 바닥에서 정상까지 자리를 잡았다.

십자군 전쟁은 이미 오래 전에 끝이 났지만 오늘에 이르기까지 기독교와 이슬람교의 극단적 적대 행위의 구실이 계속되고 있는 것은 참으로 안타깝다. 결국 십자군 전쟁은 끝났으나 현실적으로는 아직 끝나지 않은 셈이다.

10장

마멜루크 시대(AD 1250-1517)

마멜루크의 기원에 대해서는 의견이 분분하다. 그러나 많은 사람들은 마멜루크가 터키 지역에서 온 노예의 후예들이라고 본다. 이들은 프랑스 루이 9세 때, 1249년 6월에 제7차 십자군이 이집트에 상륙하여 다미에타(Damietta)를 점령할 때만 해도 모든 것이 잘 되는 것 같았다. 그러나 이집트의 술탄(군주)인 아스 살리 아유브(As-Salih Ayyub)가 죽고 그의 아들인 투란샤(Turanshah)에게 권력이 넘어가고 그의 아내인 사이자라트 울 두르(Shajarat-ul-Dur)가 마멜루크의 도움을 받아 역공을 취하면서 전세는 역전되고 말았다. 마침내 바리(Bahri)의 군대 장관인 바이발스(Baibars)는 프랑스의 성왕(聖王)인 루이스의 군대를 격퇴한다. 그는 프랑스 왕 중에서 유일하게 성자의 칭호를 받은 왕이지만, 불행하게도 후퇴를 지연하다가 1250년 3월에 포로로 잡히고 만다. 40만 리브르(livre; 프랑스의 옛날 화폐 단위)의 보상금을 주고 풀어주기로 했으나 실제로 15만 리브르는 지불하지 않았다고 한다. 정치적 압력으로 사자르(Shajar)는 마멜루크의 장군인 아이박(Aybak)과 결혼하게 되었다. 하지만 그는 목욕하다가 부섭정인 쿠투스(Qutuz)에게 암살당하고 일반적으로 이때부터를 마멜루크 시대의 시작으로 꼽는다.

그 후 260년간 예루살렘은 완전히 황폐화되었다. 그들은 종교에는 큰 관심이 없었기 때문이다. 본래 마멜루크는 중앙아시아 지역에 살던 터키족 출신이다. 이들은 아인 자룻(Ain

Jalut) 전투에서 몽골족을 물리치고, 십자군과 싸워 그들을 축출했다. 이렇게 해서 1302년에는 마침내 십자군 시대를 마감한다.

당시 유대인의 생활은 대단히 비참했다. 1348-1350년 사이에 동유럽에 페스트로 유대인의 절반 가량이 죽게 되자 유대인의 복수를 두려워한 기독교인이, 유대인이 수원에 독을 뿌렸다는 거짓 소문을 퍼뜨렸다. 이로 인해 100만 명 가량의 유대인이 도처에서 학살을 당했다. 기독교인의 유대인에 대한 편견과 증오심은 무서운 것이있다. 이것은 유대인이 예수를 죽였다는 편견에서 온 것으로, 그 결과는 너무도 엄청난 것이었다. 1492년에는 스페인에 살던 유대인이 팔레스타인으로 돌아오게 된다. 유대인이 유럽 각지에서 자유롭게 살았다면 유대인의 시오니즘은 일어나지 않았을 것이고, 그랬다면 오늘의 이스라엘은 존재하지 않았을 것이다. 결국 여기저기 흩어져 살고 있는 디아스포라를 학살하고 핍박하여 이들을 몰고 몰아 팔레스타인으로 가게 하신 하나님의 섭리가 놀라울 따름이다.

11 장

오스만 터키 시대(AD 1517-1918)

오스만 터키는 오스만 가문을 왕가로 하여 이스탄불을 수도로 하고 서쪽은 모로코, 동쪽은 아제르바이잔, 북쪽은 우크라이나, 남쪽은 예멘에 이르기까지 지배했던 제국이다. 본래 이들은 소아시아 구석에서 나온 작은 군후국이었지만 마침내 동로마제국을 비롯해서 마멜루크와 서아시아와 북아프리카 등 지중해 세계의 과반을 차지한 대제국이 된다. 오스만 터키는 오스만 투르크라고도 부른다. 오스만 터키의 군주(술탄)는 터키 계열이지만 지배 계층은 민족과 종교에 관계없이 다양한 지역 출신이었다는 것이 특징이다.

1326년경에는 오스만의 뒤를 이은 그의 아들 오르한 1세가 즉위하여 동로마제국의 도시인 부르사를 점령하고 마르마라해를 지나 유럽 대륙에 이르기까지 세력을 확장해 갔다. 부르사는 행정 중심지가 되어 수도의 기능을 하였다. 이십 년이 지난 1346년에는 동로마 황제와 동맹을 맺고 발칸 반도의 트라키아까지 진출하고 유럽에서 영토를 확장하였다. 오르한의 아들 무라트 1세는 아버지의 뒤를 이어 1396년에 전투를 벌여 헝가리 왕국을 비롯해서 십자군을 격파하고 영토를 넓혔다. 그러나 1402년에 티므르에게 패하고 국내에서 왕자들 간에 싸우면서 제국 확장은 일시적으로 중지되었다.

오스만 터키는 바예지드 1세의 아들인 메흐메트 1세가 1421년에 제국의 재통합을 성공적으로 이끌면서 국력을 다시 회복하게 된다. 이런 배경 속에서 무라트 2세가 자국을 침공한 십자군을 물리치면서 안정된 통치를 하게 되었다. 무라트의 아들인 메흐메트 2세는 동로마제국의 수도인 콘스탄티노플을 공격해서 점령하여 그곳으로 수도를 옮기고 소피아에 첨탑을 첨가하여 모스크로 개축하였다. 세월이 지나면서 콘스탄티노플은 이스탄불이란 이름으로 바뀌게 되었다. 필자는 소피아 사원에 들러 기도하고 돌아온 적이 있지만 정말 웅장하고 아름다운 모스크이다. 이렇게 오스만제국은 15세기 말까지 발칸과 아나톨리아의 거의 모든 땅을 평정하고 바다로는 흑해 북해안과 에게해의 섬들까지 영토를 확장하였다. 1512년 이 제국을 계승한 셀림 1세는 동로마제국에 이어서 마멜루크를 지배하게 된다. 그래서 이슬람교의 2대 성전인 메카와 메디나의 보호권마저 장악하여 이슬람 세계의 맹주가 된다. 여기에 마멜루크 왕조의 비호 아래 있던 아바스 왕조의 후예로부터 칼리프 칭호를 양보받아 술탄 칼리파제를 창설하였으나 이것이 위조된 것임이 후에 탄로났다. 그러나 오스만 터키가 이슬람 세계의 중심이 된 것은 확실하다.

오스만제국의 최전성기는 제10대 군주인 술레이만 1세(1520–1566) 때이다. 그의 영토는 중앙유럽과 북아프리카까지 확장되었다. 그는 대포로 무장하고 막강한 힘을 갖추어 베오그라드를 정복함으로 헝가리로 진출했는데, 그가 죽은 후 1571년에 오스만 함대는 기독교 세계의 연합함대에 패하여 지중해 패권을 상실하고 만다. 그러나 오스만제국이 유럽제국보다 약해진 것은 아니다. 여전히 그는 막강했으며 지중해의 해상권을 다 잃은 것도 아니었다. 오스만 함대는 패전한 뒤 반 년 만에 다시 함대를 재건해서 1573년에 키프로섬과 다음 해에는 튀니스를 획득했다. 1683년까지 슬로바니아와 아드리아해 연안을 제외한 모든 발칸 반도를 지배하게 된다. 그러나 18세기에 이르러서는 힘이 약해져서 헝가리를 잃고 1789년 프랑스 대혁명이 일어나면서 많은 변화가 일어났다. 민족별 독립을 추구하면서 오스트리아를 비롯한 유럽 국가들이 자기 땅을 찾게 되었다. 마침내 1878년에 와서는 오스만제국은 러시아와 전쟁에서 완전히 패하고, 1908년에 압둘하미트 2세는 청년 투르크 당에 의해 폐위되고 1918년에 죽는다.

12장

현대 이스라엘(AD 1914-2013)의 역사

1914년에 제1차 세계대전이 일어나 4년 4개월 만에 끝났다. 제1차 세계대전은 독일과 오스트리아와 오스만 터키와 볼리비아가 일으킨 전쟁이다. 처음 원인은 오스트리아가 보스니아를 침략한 데서 비롯되었다. 1914년에 일어난 사라예보 사건 때문이었다. 세르비아의 한 청년이 사라예보를 방문한 오스트리아 황태자 부부를 암살한 사건에 분개한 오스트리아가 선전포고를 하고 시작한 것이 확대된 것이다. 이에 긴장한 러시아에 총동원령이 내려지자 독일이 선전포고를 하고 다음에는 영국, 프랑스가 독일에 선전포고를 하여 세계전쟁으로 확대된 것이다. 초기 주도권은 독일이 가지고 있었다.

독일은 신속하게 반격하여 끝내려는 작전을 세웠다. 그러나 기대와 달리 전쟁은 장기전에 돌입하면서 독일은 초조해졌고, 잠수함을 만들어 심지어 중립국가의 선박까지 격침했다. 이것이 미국이 참전한 원인이 되었다.

러시아는 공산혁명이 일어나면서 전쟁을 중지하였으나 전쟁은 연합군의 승리로 돌아갔다. 1917년에 발포 선언(Balfour Declaration)으로 불법 이민이 금지되었으나 유대인은 조직적으로 많은 디아스포라를 팔레스타인으로 보내어 영토를 확장하였다. 오스만 터키가 통치했던 팔레스타인은 영국이 1920년부터 관리하게 되었다.

제1차 세계대전이 연합국의 승리로 끝났으나 독일에 부과

된 가혹한 부채, 영토의 축소, 베르사이유 조약으로 다시는 독일이 지배할 수 없도록 하였다. 게다가 1930년대 대공황으로 세계는 출구를 찾아야만 했다. 미국은 생산 활동은 많은데 소비가 따라 주지 못하여 재고량이 늘어났고 주가는 폭락하여 경제 대공황이 왔다. 미국은 생산 활동을 억제하고 실업자 규제를 위한 대규모 공공사업을 하는 뉴딜정책으로 출구를 찾았고, 영국과 프랑스는 식민지 수탈에서 출구를 찾았다.

제2차 세계대전의 또 다른 원인은 독일의 나치즘, 이탈리아의 파시즘, 일본의 군국주의 등장으로 인한 팽창주의이다. 그 결과 제2차 세계대전이 일어나 2,500만 명이나 되는 많은 사람이 죽었다. 900만 명이 죽은 제1차 세계대전과는 비교가 되지 않았다.

그런데 사실 엄밀히 따지고 보면 제2차 세계대전은 독일과 이탈리아의 팽창주의, 일본의 대동아건설이라는 허망한 꿈 때문이었다. 당시 일본, 독일, 이탈리아 세 나라는 서로 동맹을 맺은 터였다. 먼저 제1차 세계대전의 패전국인 독일이 히틀러의 등장과 함께 1939년 9월 1일에 폴란드를 침공해서 쉽게 승리했다. 다음은 이탈리아의 무솔리니가 에디오피아를 침공했다. 독일은 이탈리아의 팽창주의와 생각은 같았으나 세계전쟁으로까지 끌고 갈 생각은 없었다. 그래서 먼저 러시아와 불가침 조약을 맺고 프랑스와 영국을 공격했다. 프랑스에게는 쉽게 항복을 받았으나 바다를 끼고 있는 영국은 쉽지 않았다. 더구나 시대의 위인인 수상 처칠이 나타나 영국을 이끌어 마침내 승전국으로 만든다.

당시 일본은 군국주의로 이미 합병한 한국을 완전히 일본화하기 위해 학교에서 한국어 사용을 금지하고 이름까지 일본식으로 개명했다. 게다가 중국과의 전쟁이 생각과는 달리 장기화되자 동남아 지역을 먼저 먹어 치울 생각이었다. 당시 동남아는 연합국의 식민지였기 때문에 동남아에 야심을 가진 일본이 1941년 12월 7일에 진주만을 공격했다. 미국이 철, 석유 수입 금지 조치를 하였기 때문에 일본과는 아주 껄끄러운 관계였다. 일본은 미국의 육군은 형편 없고 해군이 중심이라고 생각하여 태평양 함대가 있는 진주만만 파괴하면 미국이 더 이상 힘을 쓸 수 없을 것으로 판단하고 단기전에 돌입했던 것이다. 그러나 미국은 일본이 예상했던 그런 나라가 아니었다. 끈질기게 항전했고 마침내 원자탄을 히로시마와 나가사키에 투하하여 일본은 무조건 항복하고 결국 제2차 세계대전은 끝나고 말았다.

제2차 세계대전이 끝난 후 1947년에 팔레스타인을 양분하여 유대인 국가와 팔레스타인 국가를 세우기로 합의했다. 마침내 1948년 5월 15일에 이스라엘 독립국가가 건설된다. 유대인은 3차에 걸친 중동전쟁과 레바논 전쟁에 승리하고 아랍의 이십여 나라를 대적하여 세계에 우뚝 서면서 오늘에 이르게 된 것이다. 지금 유대인이 세계에 군림하고 있는 것을 부인할 수 없다. 20세기 최대의 물리학자인 아인슈타인, 오스트리아의 심리학자로 '정신분석학'을 처음으로 도입한 프로이드, 공산주의의 창안자인 마르크스가 다 유대인이다.

지금까지 노벨상을 받은 사람의 약 20퍼센트가 다 유대인이며, 미국의 저명한 500개 대학의 교수 20퍼센트도 유대인이다. 멘델스존 하면 저명한 작곡가인 펠릭스 멘델스존을 떠올리지만 그의 할아버지인 모세스 멘델스존은 칸트에 견줄 만한 위대한 철학자였다. 1927년 노벨문학상을 받은 베르그송은 《시간과 자유》, 《창조적 진화》란 책으로 유명하다. 철학 사상가로는 에른스트 카시러의 《언어와 신화》란 책이 유명하다. 《나와 당신》을 쓴 철학자 마틴 부버, 한국에도 널리 알려진 사회학자 에릭 프롬의 《건전한 사회》는 많이 읽혀진 필독서이기도 하다. 자연과학 분야로는 아인슈타인과 더불어 원자탄 제조의 맨해튼 계획을 입안했던 레오 칠라트도 유대인이다. 20세기 중반의 대수학자인 노버트 워너는 '인공두뇌학'으로 유명하다. 핵물리학으로는 워그너 법칙을 만들어낸 유진 워그너, 소아마비 백신을 만들어 자기 부인과 세 아들을 처음 실험대상으로 했던 조나스 설크, 의학 분야에서 아서 콘버그는 DNA의 형태와 그 활성 체계를 처음으로 만들어 노벨상을 받았다. 문학 뷰야에도 유대인 수상자가 많이 있다 라인 강의 전설을 노래한 시인 하인리히 하이네, 《말테의 수기》로 유명한 라이너 마리아 릴케, 소설가로는 《성(城)》, 《아메리카》를 쓴 프란츠 카프카, 《닥터 지바고》를 쓴 보리스 파스테르나크, 《세일즈맨의 죽음》을 쓴 아서 밀러 등이 있다. 언론 및 저술가로 유명한 뉴욕 타임즈의 컬럼니스트 요셉 퓰리처를 모르는 사람은 없을 것이다. 유대인이면서 유대인을 싫어했던 월터 리프만도 유대인이다. 또 노벨평화상을 받은 헨리 키신저, 푸틴 러시아 대통령이 가장 두려워했던 블라디미르 구신스키도 유대인이다. 미국의 유명한 방송사인 CBS를 창설한 사람도 유대인 윌리암 펠리이다. ABC 앵커로 유명한 바바라 월터스도 유대인이다. 미국의 연예계는 유대인들의 독무대라고 할 수 있다. MGM, 워너 브라더스, 파라마운트, 20세기 폭스사도 유대인 대표이다. 영화감독으로는 스티븐 스필버그가 유대인이다. 그의 〈쥐라기 공원〉, 〈인디아나 존스〉, 〈쉰들러 리스트〉는 너무나 잘 알려진 영화이다. 배우들로는 게리 그란트, 커크 더글라스, 폴 뉴먼, 토니 커티스, 더스틴 호프만, 해리슨 포드, 레슬리 하워드(바람과 함께 사라지다) 등이 있다. 일찍부터 인종차별의 제약이 적었던 연예계는 유대인 진출이 쉬웠기 때문이다. TV연기자로는 콜롬보 형사로 유명한 피터 포크, 드라마 〈도망자〉의 데이비드 잰슨, 전통 서부극 〈보난자〉의 마이클 랜던 등이 있는데 다 유명한 유대인 배우들이다. 심지어 유대교로 개종한 유명한 사람들도 있다. 마릴린 먼로, 엘리자베스 테일러 등이다. 뮤지컬로는 〈웨스트사이드 스토리〉의 레너드 번스타인, 〈포기와 베스〉의 조지 거슈인, 〈아가씨와 건달들〉의 프랭크 로저 등이 유대인이다.

화가와 조각가에는 유대인이 적다. 그러나 조지 샤갈과 러시아 태생의 마르크 샤갈이 눈에 띈다. 조각가가 적은 것은 우상을 만들지 말라는 십계명의 제2계명 때문이다. 또 정치가도 비교적 적은 편이다. 엘 고어, 조셉 리버만, 배리 골드워터, 헨리 키신저, 매들린 올브라이트, 윌리엄 코헨 등이 있다. 그런데 놀라운 것은 경제계이다. 루빈, 서머스, 특히 그린스펀은 60년대 이래 미국 경제를 호황기로 이끌어 온 삼총사이다.

유대인들이 가장 많이 진출한 분야는 변호사, 의사 같은 전문직이다. 미국 대법관을 지낸 유대인은 7명, 대법관의 22퍼센트가 유대인이다. 미국 변호사의 약 15퍼센트가 유대인인데 유대인 변호사는 수임료가 비싸기로 유명하지만 절대로 패소하지 않기로도 유명하다. 특히 세금, 상해, 부동산, 대기업 자문, 대노조, 국제법에는 유대인을 따를 자가 없다. 미국의 의사는 현재 약 68만 명 정도인데 유대인 의사가 약 10퍼센트나 된다. 중세 시대에는 유럽 의사의 50퍼센트가 유대인이었다고 한다. 예언자로 유명한 노스트라다무스도 유대인 의사였다. 그는 세계 대공황을 예언했고, 제1차 세계대전, 케네디 대통령의 암살까지 예언한 사람이다. 지금 세계의 재계, 증권, 투자금융의 큰손들은 거의 유대인이다. 투자 증권회사로는 레만 브리더스, 골드만 삭스, 솔로몬 브라더스 등이 미국을 움직이는 사람들이다. 유대인 소유는 아니지만 유대인이 대거 주주로 참여하고 있는 거대 증권회사는 모건 스탠리, 스미스 바니, 메릴린치 등이 있다. 컴퓨터 분야도 유대인이 많이 참여하고 있다. 퍼스널 컴퓨터 분야의 개척자인 마이클 델, 인텔의 공동 창시자이며 회장인 앤드류 그로브도 헝가리에서 이민 온 유대인이다. IBM 독점 시장에 도전한 소프트 회사인 오라클의 래리 앨리슨도 유대인이다.

세계 보석 시장 역시 유대인이 잡고 있다. 뉴욕 47번가에 세계적인 다이아몬드 거래상이 몰려 있어 이곳을 오가는 사람들은 관광객을 제외하곤 거의가 유대인이다. 1800년대 말 두 사람이 창설했는데 그 중 한 사람인 드비어스는 전 세계 유통 다이아몬드의 60퍼센트, 거래의 80퍼센트를 장악하고 있다. 상업 유통업체에도 손을 대고 있어 메이시스, 시어스, 블루밍데일스, 니만 마커스 등이 있다. 한국에도 진출하고 있는 갭(GAP)도 유대인의 것이다. 미국 경제 월간지인 〈포브스〉는 1999년 10월호에서 미국내 400명의 대재벌 중 23퍼센트가 유대인이라고 했다. 미국은 정치적으로 이스라엘과 아랍의 대결 속에서 항상 무조건 유대인 편만 드는 것을 볼 수 있다. 안티 세미티즘(Anti-Semitism, 반유대주의)이 강하게 일어나고 있는 것도 이때문이다. 그러나 지금 세계 최강국인 미국에서 유대인이 중요한 자리를 다 차지하고 있는 것도 부인할 수 없는 사실이다.

현대 가장 위대한 나라는 두말할 필요도 없이 미국이다. 그러면 이 미국을 누가 건설했는가? 우리는 단순하게 메이플라워 호를 타고 간 청교도들이라고 착각한다. 그러나 사실은 그렇지 않다. 청교도 정신이 미국을 이룬 기초인 것은 부인할 수 없지만 미국의 중심을 이루고 있는 것은 유대인이다. 미국에서 유대인 인구를 보면 비록 640만 명밖에 안 되는 소수이지만 그들은 미국 문화의 요소마다 자리잡고 있으면서 미국을 움직이고 있다. 그래서 미국에서는 유대인을 미워하면서도 그들의 눈치를 안 볼 수 없게 되었다. 미국에서 반유대인 정책을 펴면 대통령은 물론 국회의원도 당선되기 힘들다. 물론 청교도 정신이 미국 문화의 일부이기는 하다. 그러나 지금 항공모함 같은 초강대국인 미국을 지배하는 것은 유대인이며 유대인을 위대하게 만든 것은 바로 구약성경과 미쉬나와 탈무드, 즉 토라 연구에 뿌리를 두고 있는 것이다.

필자가 예루살렘에서 단기간 살면서 가장 잊을 수 없는 것은 유대인의 부활신앙과 메시아 대망이다. 예루살렘은 구시가지(old city)와 신시가지로 나누어진다. 특별히 예루살렘의 구시가지를 둘러싸고 있는 8개의 문과 아직도 부분적으로 남아 있는 성벽들은 다 오스만 터키의 슐레이만 대제가 예루살렘을 요새로 만들기 위해서 1537-1542년에 완공한 것이다. 지금은 욥바 문과 다메섹 문과 시온 문만 원래의 모습대로 유지되고 있고 가장 아름다웠던 황금 문은 막혀 있다. 황금 문은 두 개로 되어 있는데 하나는 자비의 문이고 다른 하나는 회개의 문이다. 놀라운 것은 유대인은 에스겔 44장 1-3절에 기록된 예언대로 메시아가 올 때 이 문이 다시 열린다고 믿고 있다. 그리고 그때가 되면 황금 문이 열리고 황금 문 가까이에서 먼저 부활이 시작되어 죽은 자들이 다시 살아난다고 믿고 있다. 황금 문 근처는 물론 건너편에 있는 감람산 기슭까지 묘지들이 가득하여 장소는 좁고 무덤은 필요하기 때문에 어떤 무덤은 무덤 위에 마치 이층집처럼 되어 있는 것을 볼 수 있다.

끝으로 오늘의 이스라엘을 만든 시오니즘을 살펴보지 않고는 유대인의 참 모습을 알 수가 없다. 시오니즘(Zionism)은 예루살렘의 한 지역명인 시온(Zion)에서 유래한 것이다. 여기에 이즘(ism)을 붙인 것인데 그 뜻은 "시온으로 돌아간다"는 뜻이다. 이것을 주도한 사람은 데오도르 헤르츨(Theodor Herzl)이란 언론인이다. 그는 헝가리 부다페스트에서 태어난 사람으로 비교적 자유를 누렸기 때문에 그의 재능을 발휘할 수 있었다. 그를 제2의 모세라고 하는 것은 두 사람 사이에 공통점이 많이 있기 때문이다. 모세가 이집트에서 노예생활을 하던 유대인을 이끌고 가나안에 들어가도록 한 것처럼 헤르츨은 이천 년 가까이 흩어져 살고 있던 유대인을 고향인 팔레스타인으로 돌아가도록 한 사람이다. 그는 가난 없이 헝가리에서 언론인으로 살았지만 그에게 큰 사건이 일어나 그를 변화시켰다. 그것은 '드레퓌스' 사건(1894)이다. 프랑스 육군 대위였던 드레퓌스에게 인종차별 사건이 일어난 것이다. 이것은 지금까지 유대인이 겪은 것에 비하면 새 발의 피 같은 아주 작은 사건이었다. 그것은 프랑스 육군의 비밀을 독일 육군에 팔았다는 누명에서 시작되었다. 당시 헤르츨은 기자로서 직접 그 사건을 취재하기 위해 프랑스로 가서 파리 시민들이 유대인 규탄대회를 열면서 유대인 추방운동을 벌이고 유대인 상점을 파괴하는 분위기를 직접 본 것이다. 프랑스인은 "드레퓌스를 죽여라. 악질 유대인을 몰아내라"고 외쳤다. 이에 헤르츨은 유대인이 살 길은 그들이 자유롭게 살 수 있는 터전을 마련해야 한다고 생각하고 세계 시오니스트 총회를 열기로 하고 자신이 신문사를 직접 시작하여 이 운동에 전력을 다했다. 헤르츨은 유대인이 독일에 가장 많이 살고 있었기 때문에 유럽의 중심 지역인 독일에서 총회를 개최하려고 하였으나, 독일이 유대인 총회 개최에 난색을 해서 할 수 없이 스위스의 바젤에서 총회를 열기로 했다. 시오니스트 총회가 시작할 때 그는 유대인의 동전을 만들어 돌렸다. 그것은 로마에 대항해서 싸웠던 바 코크바 항전(AD 135) 때 사용했던 구리 동전이다. 피를 흘려서라도 나라를 찾아야 한다는 증표였던 것이다. 스위스 바젤에서 열린 총회에는 19개 나라에서 204명의 대표가 참석했다. 거기서 헤르츨은 50년 안에 유대인의 나라를 세워 자손에게 넘겨주자는 결정을 했다.

두 번째 총회는 1년 뒤에 열렸다. 참가 인원도 384명으로 늘어났다. 마침내 이 회의는 전 세계 유대인의 구심점이 되었고 그들의 추진제가 되었다. 당시 팔레스타인은 터키가 지배하고 있었다. 재미있는 사실은 당시 영국의 식민지였던 우간다에 신생 유대 국가를 세우라고 영국이 제안하여 헤르츨이 단장이 되어 우간다를 현지 답사했지만 결국 이 안은 받아들이지 못했다. 회의는 그 후 격년제로 열렸고 마지막 바젤 회의는 1946년에 열렸다. 1948년 이스라엘을 건국한 후에는 신생국가의 텔아비브에서 열렸다가 현재는 예루살렘에서 열리고 있다. 헤르츨은 자신의 숙원인 신생국가의 탄생을 보지 못하고 1904년 44세로 비엔나에서 죽었다. 그 후 팔레스타인 지역은 터키에서 영국의 손으로 넘어갔다. 우여곡절 끝에 영국은 팔레스타인에 유대 국가를 허용한다는 벨포 선언(Belfour Declaration)을 선포하기에 이른다. 젊은 나이에 죽은 헤르츨의 시신은 그의 유언에 따라 비엔나에 있는 아버지의 무덤 곁에 묻혔다가 이스라엘 건국 후에 이스라엘로 옮겨졌다.

유대인이 팔레스타인 지역에 나라를 건국했지만 이미 그곳에 살고 있던 팔레스타인과 다섯 번에 걸친 전쟁을 했고 또 앞으로 무슨 일이 일어날지 모르는 상황이다. 필자는 히브리 대학 초청으로 6개월간 객원교수로 예루살렘에 머물면서 그곳의 사정을 많이 알게 되었고, 참으로 유대인은 위대한 민족이란 것을 체험했다. 아마도 아랍인과 갈등은 계속될 것이고,

그것이 마침내 성경에서 예언한 대로 세계 전쟁으로 확산될지도 모른다.

도대체 이스라엘이 건국한 땅은 어떤 땅이기에 유대인이 이곳에서 살려고 하는 것일까? 그것은 이곳이 하나님께서 말씀하신 "젖과 꿀이 흐르는" 약속의 가나안 땅이기 때문이다. 젖과 꿀이 흐르는 땅이란 말은 단순한 낙원을 두고 하는 말일 뿐, 실제는 중동의 그 흔한 기름 한 방울 나지 않는 돌밭 같은 황무지인데 말이다. 그러나 지금 유대인이 3대 산업(보석상, 관광산업, 농업)의 하나인 농업을 일으켜 물 한 방울 나지 않는 불모의 땅 황무지를 개간해서 유럽으로 농산품을 수출하는 나라가 된 것은 그들의 신앙을 떠나서는 이해할 수 없는 일이다

어떻게 유대인은 이런 불모지를 개척할 수 있었는가? 잘 아는 대로 우리나라가 보릿고개를 극복한 것은 박정희 대통령의 새마을운동이 큰 역할을 했는데, 사실 이 새마을운동은 유대인의 키부츠 운동에서 배운 바가 많다. 팔레스타인 지역에 첫 발을 디딘 사람들은 정착 마을인 키부츠라는 공영집단부락이었다. 첫 번째 키부츠는 이스라엘 국가가 만들어지기 38년 전인 1910년에 만들어진 '데가니아'라는 집단부락이었는데 요단강이 가까운 지역이었다. 이 정착촌에서 유명한 사람은 외눈박이 장군인 모세 다이안이다. 본래 유대인은 농사와 전혀 관계없는 환경에서 자랐지만 살기 위해서는 농사를 지어야 했고, 본격적으로 농사에 매이다 보니 토양에 맞는 작

물을 심기 위해서 연구하기 시작했다. 필자가 예루살렘에서 살 때 키부츠를 연구하기 위해서 한 키부츠 촌에 가서 보았더니, 미국에서 많이 사용하고 있는, 농토에 파이프를 그물처럼 깔아서 재배하는 방법으로 사막을 개간하여 농업에 성공한 것이다. 그래서 마침내 1948년 나라를 건국할 때는 300여 개의 키부츠가 있었다고 한다. 키부츠가 증가하면서 키부츠 연구 기구도 만들어졌다. 이 기구가 노동당의 정치 세력으로 발전했다. 초대 수상을 지낸 벤 구리온, 후에 수상을 지낸 골다 메이어가 여기에 속한다. 지역별로 많은 사람이 키부츠의 대표를 국회인 크네세트(Knesseth)에 보내고 있어서 키부츠의 이익을 대변하고 있다. 영국 등 서방국가는 팔레스타인 지역에 무기 금수정책을 펴고 있으나 러시아가 많은 무기를 체코슬로바키아를 통해 비밀리에 보냈고, 유엔에서 제일 먼저 러시아가 찬성투표를 던진 것은 역사의 아이러니이다. 이스라엘 농산물의 삼분의 일은 키부츠에서 생산한 것이다. 부유한 키부츠에는 자체 은행도 있고, 신용카드도 발행하고 있다.

이스라엘이 빠르게 성장할 수 있었던 것은 밀입국자를 많이 받아들였기 때문이다. 라스베가스의 부호인 행크 그린스펀이 가구 수출로 위장하여 팔레스타인에 대량으로 무기를 밀수출했고, 결국 징역형에 처해졌지만 케네디 대통령 때 공민권이 회복되기도 했다.

이스라엘이 이집트, 요르단, 시리아, 레바논 같은 국경을 맞대고 있는 나라들과도 싸워서 이길 수 있는 이유는 무엇일까? 잘 아는 대로 이스라엘에는 여자도 국방의 의무가 있다. 예루살렘에서 다녀보면 총을 장난감처럼 아무렇게나 들고 다니는 군인을 볼 수 있는데 그것이 이스라엘 힘의 근원이다. 독립전쟁을 비롯해서 시나이 전쟁(1959), 6일 전쟁(1967), 욤 키프르 전쟁(1973), 마지막으로 레바논 전쟁(1992)에서 이스라엘이 승리한 것은 죽음을 두려워하지 않는 유대인의 순교적 각오 때문이다. 아랍권에서 일어나고 있는 성전(聖戰)개념도 무섭지만 유대인의 애국심은 그것에 비할 바가 아니다. 6일 전쟁 때 미국에서 공부하던 유대인은 너도 나도 귀국해서 참전하기를 원했지만, 아랍인은 귀국하지 않으려고 도망 다닌 것이 전쟁에서 이스라엘이 일방적으로 승리할 수밖에 없는 원인이기도 하다.

필자는 이스라엘에 있을 때 호국성지인 마사다를 방문하였다. 마사다는 로마와 대항하여 끝까지 싸우다 960명이 자살을 한 이스라엘의 중심 기둥이다. 또 다른 기둥은 엘리 코헨이다. 코헨은 이스라엘 정보기관인 모사드의 첩보원으로서 1967년 6월 어느 날 중요한 정보를 입수했다. 아랍의 과격파 행동대원들이 이집트의 사다트 대통령 암살을 계획한다는 정보를 입수한 것이다. 코헨은 비밀리에 사다트의 고위 보좌관을 만나 그 비밀을 전했고 이집트 정부 당국은 즉시 카이로에 잠복중인 암살단을 일망타진했다. 코헨은 카이로에서 성장했기 때문에 아랍어가 모국어였다. 그는 이집트에 살면서 시오니스트 유대인 지하조직에 가담해서 비밀 활동을 하다가 1956년 시나이 전쟁 때 이스라엘로 돌아왔다. 그는 모사드에서 훈련을 받은 후에 아랍 여인과 결혼도 하고 아랍 사람으로 인정을 받게 되었다. 그는 시리아 관계뿐 아니라 골란 고원의 군 장비 및 배치 상황을 상세히 알려서 1967년 전쟁에서 이스라엘이 승리할 수 있게 했다. 중요한 것은 이스라엘에 가장 골칫거리였던 골란 고원 점령에 그가 결정적 역할을 한 것이다. 그는 시리아 군의 고위층에게 요새지 주변에 나무를 심도록 해서 67년 전쟁 때 이스라엘 군이 쉽게 토치카를 식별하여 폭격하게 한 사람이기도 하다. 전후에 그는 시리아에 체포되어 공개처형되었다. 그의 나이 40세였다. 그러나 그는 이스라엘의 영웅이 된 것이다. 이것은 바로 이스라엘이 강할 수밖에 없는 이유이다. 모사드가 세계 최고의 정보력을 가지고 있는 것은 지금도 모사드에는 제2의 코헨들이 많이 있기 때문이다.

박정희 대통령이 신앙전력화(信仰戰力化)란 휘호를 내린 것도 이 신앙의 힘을 알았기 때문일 것이다. 한번은 박정희 대통령이 이화여자대학교에서 교목관계자들과 주일학교 지도자들을 모아놓고 강의하는 중에 자신이 교회를 떠나게 된 이유를 설명했다. 부패한 한 사람의 교회 지도자로 인해 그가 교회를 멀리한 것은 참으로 안타깝다. 그런 면에서 지금도 수많은 대

형교회 지도자들이 교회를 사유화하고 세습적으로 물려주는 현실은 참으로 비판받아야 할 일이다.

여기서 우리는 디아스포라(Diaspora)에 대해서 잠깐 살펴볼 필요가 있다. 디아스포라는 헬라어에서 온 말로, '흩어진 유대인들'을 의미한다. 이와 밀접한 관계를 가진 단어는 포그럼(Pogrom), 게토, 홀로코스트이다. 포그럼은 추방을 의미하는 말이다. 1881년부터 세 차례에 걸쳐 러시아는 러시아 내에 살고 있는 유대인을 조직적으로 박해하였다. 게토는 유대인 격리 집단 거주지를 의미한다. 13세기 이탈리아의 베네치아를 비롯해서 유럽의 여러 곳에서 행해진 것이다.

유대인은 기독교와 아랍 사이에서 거간꾼 노릇을 해왔다. 양측을 넘나들면서 무역을 독점하여 많은 부를 축적하였고, 신용거래를 세계 최초로 실시한 민족이기도 하다. 베네치아를 중심으로 한 장사는 셰익스피어의 《베니스의 상인》에서 잘 묘사되어 있다.

중세기는 이슬람권에서 유대인이 황금기를 누린 시대이기도 하다. 이슬람교는 6세기 후반 마호메트가 세운 종교이다. 그러나 이들은 "한 손에는 코란을, 다른 한 손에는 칼을"이란 구호 아래 중동은 물론 아라비아 반도와 북아프리카, 심지어 유럽에까지 손을 뻗었다. 그들은 스페인을 손에 넣은 다음에 피레네 산맥을 넘어 프랑스까지 넘보았다. 스페인에 진출한 이슬람 세력이 세운 나라가 무어제국(AD 711)이다. 이들은 500

년 가까운 긴 세월 동안 이슬람 지배권을 유지하면서 기독교와 유대교를 똑같이 차별대우했다. 그러나 스페인에서는 높은 지식인으로 대접을 받았고 폭 넓은 대접을 받았다. 디아스포라 시대 중 가장 황금기는 스페인에서의 500년 간이라고 할 수 있다. 그 다음이 미국이다. 필자는 인도 선교사로 있으면서 여러 곳을 방문하였을 때 무어제국의 많은 조각과 잔재를 볼 수 있었다. 그것은 필자가 쓴 《인도에서 온 편지》에도 기록되어 있다.

이 시절 가장 영향을 끼친 사람은 유다 할라비, 모세스 마이모니데스, 하스다이 크레스카스이다. 유다 할라비는 한국의 김삿갓처럼 유랑하면서 많은 시(라틴어와 히브리어로)를 쓴 사람이다. 마이모니데스는 12세기 코르도바에서 출생하여 후년을 카이로에서 보냈는데 아리스토텔레스의 철학을 탈무드에 적용한 학자이다. 끝으로 바로셀로나에서 출생하여 보수적인 유대교 랍비로 명성을 떨친 크레스카스가 있다. 이 세 사람 중에서 마이모니데스는 탈무드를 새로 편집 작업한 사람이다.

《세계 속에 영향을 미친 유대인 100명》이란 책에 나온 통계를 보면 '유대인의 힘은 어디서 오는가?'에 대해 몇 가지 중요한 통계가 나온다. 앞에서 언급했지만 지금까지 노벨상을 받은 300명 중에 유대인이 93명이나 된다. 분야별로 보면 경제 분야에 65퍼센트, 의학 분야에 23퍼센트, 물리 분야에 22퍼센트, 화학 분야에 12퍼센트, 문학 분야에 8퍼센트나 된다. 미국에서 유대인의 직업을 보면 변호사는 20퍼센트로 약 14만 명이나 되고, 뉴욕 중·고등학교 교사의 50퍼센트가 유대인이고, 국회의원 535명 중 42명이 유대인이다. 대학교수는 25-35퍼센트가 유대인인데 대학 총장이나 행정 책임자의 90퍼센트가 유대인이라고 하니 유대인의 힘을 알 수 있다. 그러면 유대인의 힘은 어디서 나오는가? 한마디로 말하면 탈무드이다.

그러면 탈무드란 무엇인가? 미쉬나(Mishinah) 즉 예수님께서 말씀하신 "장로들의 유전"에 게마라를 덧붙여 정리한 것이다. 두 가지 종류의 탈무드가 있으나 스페인에서 출판된 바벨론 탈무드가 가장 인정을 받는다. 1886년에 표준 탈무드가 발간되었는데 그 책은 2,000여 명 랍비의 견해가 포함되어 있다. 랍비들은 주로 수공업자, 대장장이, 도예업자, 농부, 상인, 재봉사 등 수많은 직업을 가진 사람들로 구성되어 있다. 이들은 바울이 텐트를 깁는 기술로 돈을 벌어 선교를 한 것처럼 각기 직업을 가지고 있으면서 연구를 한 학자들이다. 탈무드는 지금까지 63권이 나왔는데 72권이 나올 때까지 계속된다고 한다. 왜냐하면 유대인들은 72(12지파 곱하기 대표 6명)가 완전수라고 생각하기 때문이다. 72명이 번역했지만 셉투아진트를 70인역으로 보는 것과 같은 이치다. 탈무드의 내용은 율법을 해석한 할라카와 지혜의 이야기를 모은 학가다로 되어 있고 모두 6부, 63제, 525장, 4187절로 되어 있으며 분량은 1

만 2000페이지나 된다. 재미있는 것은 탈무드의 첫 페이지는 빈 칸으로 되어 있는데 시작도 끝도 없는 책이란 뜻이다. 탈무드는 600년에 걸쳐서 완성된 것인데 베껴 쓰는데만 100년이 걸리고, 단어만 해도 100만 단어나 되는 유대인의 백과사전이라고 할 수 있다. 그 내용을 보면 건강, 의학, 법률, 윤리, 종교적 실천, 명사, 전기, 천문학, 생물학, 자선 등 모든 분야를 망라하고 있다.

유대인의 저력이 도대체 어디서 나오는가를 살펴보면서 이 책을 마감하려고 한다. 크게 9가지로 나누어 보겠다.

첫 번째로 믿음에서 나온다. 자신들은 하나님의 택한 백성이란 확신이 가장 중요한 힘이다. 하나님께서 그들을 선택했고, 언약대로 세상 끝날 때까지 함께 계신다는 믿음이다.

두 번째로 기도에서 나온다. 구약의 아브라함의 기도에서 볼 수 있듯이 유대인은 하루에 세 번씩(9시, 12시, 오후 3시) 기도한다. 그 예를 기도하러 가다가 앉은뱅이를 고친 베드로와 요한에게서 발견한다(행 3:1-10).

세 번째로 토라(Torah)에서 나온다. 유대인에게 율법은 단순한 율법이 아니다. 그들은 율법의 말씀대로 살려고 노력하는 사람들이다. 각 집마다 메추자(Mezuzah)를 문에 붙여놓고 출입할 때마다 손으로 만지거나 키스를 한다. 메추자는 땅에서 1.5미터쯤 되는 지점에 약 10센티미터 크기의 윷 모양으로 된 것인데, 그 안에는 유대인의 교육철학인 쉐마(Shema)가 들어 있다. 쉐마는 "들으라"(Hear)는 히브리어로, 신명기 6장 4-9절의 말씀을 요약하여 메추자 안에 넣어 사용한다. 이 구절은 오직 하나님만을 섬기며 경외할 것을 가르친 내용이며 구체적으로 어떻게 가르칠 것까지 다 기록한 내용이다.

네 번째는 유머에서 나온다. 유대인의 유머집을 읽어 보았는데 솔직히 한국 사람의 유머보다 재미가 없다. 필자가 쓴 유머집보다도 못하다. 그러나 그들의 문화권에서 그 유머를 보면 유대인의 지혜와 재치가 넘친다. 왜 유대인은 유머를 강조한 것일까? 우리가 잘 아는 대로 유대인은 1900여 년 동안 나라 없이 나그네 생활을 하면서도, 유머를 통해서 항상 웃고 여유 있는 삶을 원하였기 때문이다.

다섯째는 가정에서 나온다. 유대인은 가정을 성소처럼 생각한다. 아니 그 이상이다. "교회보다 가정이 더 거룩한 성소이다"라고 말한다. 집에 메추자를 달아 놓는 것은 가정은 곧 성소라는 것을 말하기 위해서이다. 유대인은 "유대인 사회에서 모든 회당이 없어져도 유대 종파는 순수하게 지속적으로 살아남는다. 그러나 가정에서 신앙생활을 하지 않고 회당에서만 한다면 유대 종교는 그 시대에서 명맥이 끊어질 것이다"라고 말한다.

여섯째로 돈에서 나온다. 유대인이 가는 곳마다 돈을 많이 버는 것은 돈의 힘을 잘 알기 때문이다. 노벨상에서 많은 유대인이 상을 받은 것은 돈의 힘을 잘 알기 때문이다. 탈무드에는 돈에 대한 많은 속담이 나온다. 그중에서 중요한 것 몇 가지만 적어 보면 다음과 같다.

우리는 돈 없이는 살 수 없다.

성경은 빛을 주고 돈은 온기를 준다.

돈은 어떤 더러움도 씻어주는 비누이다.

몸은 마음에 의지하고 마음은 지갑에 의지한다.

돈으로 열리지 않는 문은 없다.

돈으로 소리를 내면 욕이 그친다.

돈으로 행복을 살 수는 없지만 행복을 불러오는 데 큰 역할을 한다.

돈이 인생의 전부가 아니라고 말한 사람에게는 돈이 죽을 때까지 쌓이지 않는다.

집안에 돈이 있으면 집안에 평화가 있다.

인간이 동물과 다른 점은 돈 걱정을 한다는 것이다.

랍비가 길거리에서 설교하는 것보다 10불씩 준다면 더 인기가 있다.

지식이 많은 사람은 늙어도, 돈을 많이 가지면 젊어진다.

돈은 어떤 문제도 열 수 있는 황금열쇠이다.

부자가 되는 길이 있다. 내일 할 일을 오늘 하고, 오늘 먹을 것은 내일 먹으면 된다.

겨울 장작 살 돈을 여름 휴가비로 사용하지 않으면 부자가 된다.

가난한 사람에게는 적이 적고 부자에게는 친구가 적다.

돈을 빌릴 때 웃으면 갚을 때 울게 된다.

남에게 돈을 빌려주었는데 그 사람이 도저히 갚을 길이 없음을 알면 그 집 근처에도 얼씬하지 말라.

명의는 가난한 사람만 못 고치고, 다 고칠 수 있다.

유대인은 가끔 '공기인간'이란 말을 듣는데, 그것은 유대인은 공기구멍만 있어도 어디든지 들어가서 상권을 쥐기 때문이다.

일곱째로 지혜에서 힘이 나온다. "지혜의 그늘 아래에 있음은 돈의 그늘 아래에 있음과 같으나, 지혜에 관한 지식이 더 유익함은 지혜가 그 지혜 있는 자를 살리기 때문이니라"(전 7:12). 그래서 유대인은 늘 지혜를 구했다. 또 유대인은 "지혜가 없는 사람에게는 운명의 여신이 미소를 주지 않는다"고 말한다.

여덟째는 교육에서 힘이 나온다. 교육으로 세상을 변화시킬 수 있기 때문에 유대인은 어디를 가든지 먼저 회당을 짓고 그 다음에는 학교를 짓는다. 유대인의 가정에서 아버지는 언제든지 일차 교사가 된다. 그래서 "모르는 것은 아버지에게 물어보라. 아버지가 모르면 랍비에게 물어보라"고 말한다. 유대인에게 아버지는 네 가지 역할을 한다. 가정에 필요한 모든 것을 공급해 주는 공급자이고, 어떤 위험에서도 가정을 보호해 주는 보호자이고, 가정이 어디로 가야 할지 인도해 주는 인도자이고, 자녀들이 잘못할 때 그들을 훈계하는 훈계자의 역할을 해야 한다고 말한다. 유대인이 사는 곳에서는 헌책을 파는 곳이 없다. 왜냐하면 이들은 옷을 팔아서 책을 사고 일단 산 책은 다시 팔지 않기 때문이다. 유대인은 사람이 책을 만들지만 그 책은 사람을 만든다고 믿기 때문에 항상 책을 많이 사고 읽고 배운다. 그래서 유대인들은 말한다. 20년 동안 배운 것도 배우기를 중단하면 2년이 지나면 다 잊는다고.

유대인의 교육철학은 무엇인가? 한국과는 전혀 다르다. 한국에서는 일등을 해야 하고 남을 이기는 법을 자녀에게 가르치지만 유대인은 그렇지 않다. "남을 이기라"가 아니라 "남과 다르게 되라"이다. 세계적으로 보면 자녀 교육열이 한국이 첫째이고, 둘째가 유대인이지만 그럼에도 불구하고 결과적으로 유대인이 성공하는 경우가 더 많은 것은 그들의 교육철학에 있다. 영어에 "Jewish mother"란 말이 생긴 것은 극성맞은 유대인 어머니들 때문이다. 유대인은 남과 꼭 같이 자녀를 키우지 않고 각자의 장점을 찾아 다르게 개발해준다. 그런데 한국은 어떤가? 모든 것을 다 잘하게 하려고 학교수업이 끝난 후에는 여러 학원에 보내어 많은 것을 배우게 한다. 이 얼마나 어리석은 일인가?

20세기가 낳은 최고 학자 아인슈타인의 경우를 보면 잘 알 수 있다. 아인슈타인은 4세가 될 때까지 말을 제대로 구사하지 못해서 저능아란 말을 들었다. 학교에 입학하였지만 공부를 못해서 성적표에는 "이 학생은 지적 능력이 낮아 앞으로 어떤 공부를 해도 성공할 가능성이 없다"고 기록되었다. 한국의 어머니라면 어떻게 했을까? 학원에 보내고 아이를 달달 볶아서라도 따라가게 했을 것이다. 그러나 아인슈타인의 어머니는 그렇게 하지 않았다. 아인슈타인의 어머니는 아들을 위로하면서 이렇게 말했다고 한다. "걱정할 것 없다. 남과 같아지려면 남보다 나아질 수 없지만 너는 남과 다르기 때문에 기필코 훌륭한 사람이 될 것이다". 이 얼마나 위대한 말인가? 여장부다운 말이 아닌가? 그래서 결국 아인슈타인을 천재로 만든 것이다.

필자가 고 김인득 장로가 경영하는 벽산그룹에서 만 7년간 사목으로 봉사한 적이 있다. 그들의 사훈은 "남과 같이 해서는 남보다 나을 수 없다"는 것이다. 그래서 항상 남과 다르게 하라고 강조했는데 그것이 유대인의 철학이다. 유대인은 "티쿤 오람"(Tikun Olam)이란 말을 많이 하는데, 그것은 유대인의 교육 이념이다. 티쿤 오람은 히브리어로 "세계를 고친다"는 뜻이다. 하나님의 파트너가 되어 세상을 개선하고 완벽하게 만드는 책임감을 강조한 말이다.

이스라엘에는 자녀교육의 지침이 있다. 25가지나 되지만 여기서는 중요한 것 10가지만 찾아보려고 한다. ①기회 있을 때마다 민족의 긍지를 심어 준다. ②부모에게 받은 만큼 자식에게 베풀어주라. ③노인을 존경하는 마음은 아이의 문화 유산이다. ④자녀에게 용돈을 주어 저축하는 습관을 들이라. ⑤편식 버릇을 방관하면 가족이란 일체감을 잃게 된다. ⑥가족 모두가 모이는 시간을 활용하라. ⑦어떤 일이든지 제한된 시간에 마치는 습관을 길러주어 시간의 소중함을 깨우쳐주라. ⑧자녀의 잘못은 매로 다스리라.⑨최고의 벌은 침묵이다. ⑩자녀를 꾸짖을 때에는 기준이 분명해야 한다.

아홉째는 연합의 힘을 기르는 '고리론'이다. 고리는 하나만 끊어져도 사용할 수 없기 때문에 하나하나가 다 중요하다. 그래서 유대인은 연합의 힘을 강조한다. 그리고 이 연합의 힘은 예루살렘에 있는 통곡의 벽에서 시작한다. 유대인은 전 세계에 통곡의 벽을 24시간 방영해서 유대인을 하나로 묶고 있다.

필자의 손녀가 LA의 마그넷학교에 다니고 있다. 마그넷이란 자석이란 뜻인데, 각 학교에서 성적이 뛰어나거나 예술에 뛰어난 아이들을 가르치는 특수영재학교이다. 그런데 놀라운 것은 아이들이 쓸데없는 자존심을 갖지 않도록 하기 위해서 학교 한 귀퉁이에서 가르치고, 같은 교정을 사용한다. 가장 놀라운 것은 숙제도 각자 하는 것이 아니라 팀을 조직해서 각 팀마다 과제를 맡긴다. 협동심을 길러주기 위한 것이다. 아이들끼리 경쟁을 시키지 않고, 그들이 가진 특별한 관심과 재능을 발표하도록 하는데, 이것은 아마도 유대인의 교육철학에 근거를 둔 것으로 보인다.

필자가 유대인의 역사를 논하면서 그 맥락에서 성경의 참

뜻을 찾으려고 하는 것은 역사를 바로 알지 않고는 안 되기 때문이다. 최근 일본이 역사교과서에서 독도와 위안부 문제 등 많은 거짓된 것을 가르치는 것은 자신들의 열등감 때문이다. 일본은 결코 태평양시대에 아시아의 지도자가 될 수는 없다. 독일이 제2차 세계대전 때 범한 수많은 잘못을 세계 앞에서 계속해서 뉘우치는 것은, 사실 그들의 자신감에서 나온 행동이다. 우리도 역사를 바로 알고 바로 가르쳐야 하는데, 지금 한국은 역사 교과서부터 잘못되어 있을 뿐 아니라 많은 역사학자들이 좌편향적으로만 나가는 것 같아서 참으로 안타깝다. 역사를 모르고는 지금 우리가 무엇을 해야 할지, 앞으로 어디로 가야 할지 알 수가 없다. 이 때문에 성경을 더 잘 알기 위해서 유대인의 역사와 그들이 살아온 배경을 연구할 필요가 있다.

역사는 단순히 과거의 사건만은 아니다. 현재에 대한 해답이기도 하고 미래를 이끌어가는 원동력이 되기도 한다. 역사는 과거를 보는 눈이요, 현재를 판단하는 기초요, 미래를 내다보는 비전이 된다. 따라서 역사를 모르면 과거에 범한 것과 같은 과오를 범하기 쉽다. 역사 의식이 부족한 우리는 과거의 잘못을 반복할 때가 너무 많다. 건망증이 심한 민족이기 때문이다. 너무 큰 욕심 같으나, 이 작은 책이 성경을 애호하는 성도에게 우리의 현재와 미래를 보는 길잡이가 되기를 바란다.

다시 말하지만 오직 성경(Sola Scriptura)으로 돌아가야 한국

교회가 살고, 교회가 살아야 한국이 산다. 그러기 위해서 여기서는 이스라엘의 역사적 배경 속에서 성경을 보도록 노력했고, 지금도 말씀하시는 하나님의 음성을 듣기를 원한다. 한국 교회는 벌써 성경을 잃고 있다. 성경 저자의 음성을 듣는 것이 아니라 자기가 원하는 뜻으로 성경을 인용하고 해석하고 있기 때문이다. 바라기는 우리 모두가 태평양시대의 마지막 주자로서 그 꿈을 향하여 한 걸음씩 더 나아갔으면 한다. 그것이 이 시대를 사는 우리의 사명이기 때문이다.

Soli Deo Gloria!(오직 하나님의 영광을 위하여!).

성경의 배경사

초판 발행일 | 2015년 12월 30일

지은이 | 신성종
펴낸이 | 임만호
펴낸곳 | 도서출판 **크리스챤서적**
주　소 | 135-867 서울시 강남구 선릉로 112길 36(창조빌딩 2층)
전　화 | 02)544-3468~9　**팩　스** | 02)511-3920
e-mail | holybooks@naver.com
등록번호 | 제 10-22호　**등록일자** | 1979년 9월 13일

책임편집 | 임영주
디자인 | 임흥순
제　작 | 임성암
관　리 | 양영주

Printed in Korea
ISBN 978-89-478-0317-5　03230

정가 10,000원